二 十 一 世 纪 国 画 大 家

吴山明

傅根洪 著

长江出版传媒 湖北美术出版社

二十一世纪国画大家——吴山明

二十一世纪国画大家——吴山明

吴山明

1941年生于浙江省浦江县前吴村。1964年毕业于浙江美术学院（现中国美术学院）中国画系并留校任教至今。1979年任美院中国画系人物画教研组长，1983年任中国画系副主任，1991年任中国画系主任，1996年任造型艺术学部主任。

现任中国美术学院学术委员会委员、教学督导、中国画与书法艺术学院教授、博士生导师，中国艺术研究院博士生导师，中国国家画院国画院副院长，中国画学会顾问，文化部文化艺术品评估委员会委员，浙江省美术家协会艺术指导委员会副主任，浙江省中国人物画研究会会长，浙江省国际美术交流协会主席，杭州市政府文化顾问，杭州市文联名誉主席，杭州市美术家协会名誉主席，西泠书画院院长，浙江开明画院院长。

曾任第八届全国人大代表，中国美术家协会理事，浙江省第九、十届人大代表、常委会委员，浙江省人民政府参事，中国民主促进会中央委员、民进浙江省副主任委员，国家邮电总局邮票评审委员。

代　序

山明先生速写

许江

一

速写吴山明先生，谈何易！因山明先生自己是速写大师。这里的速写指的是文字的略写，尝试以写意之文笔，简写山明先生其人其艺。如能捕得神情一二，即遂我意。

吴山明先生鹤发童颜，举止敏捷，语速温缓，天生的一副人师之相。当年中国美协在京西宾馆办堂会，他率先举墨，洒洒点点，一路泼了许多墨痕。边上人要换纸，他却微笑拒之，兀自胸有成竹画开去，最后所有墨点俱成藏族少女的头饰衣纹。人物画毕，他请方增先先生补画牦牛。方先生是他的老师，却一头黑发，边上有人不知其间师承关系，说："老的下来，年轻的上了。"他的白发天生地占了便宜，每有开会活动，媒体的镜头总向着这位白发飘飘、神情潇洒者。此事已是15年前的往事，却生生如在目前。

吴山明先生于20世纪50年代中期入美院附中，历本科，度“文革”，领改革，树高峰，将近六十载岁月，始终没有离开美院。美院之于他，是家园，又是事业；是出身，又是归属。从当年的青年助教，成长为中国画系的一代领军者；从身形活跃的浙中才俊，变为鹤发童颜的名师大家，山明先生几乎是一类成功的榜样，一种院校成长的典型。其间折射出美院育才的模式与力量，也标示着某类历练成长、自我塑造的求索路径。观山明先生青春留影，深感英气与朴实的交织。那灼灼的双眸始终未变，岁月的雕刻只在鬓发，仿佛在80年代的某年，银发换掉了乌发。那银发烁烁发光，虽长丝飘飘，却绝无杂沓，质感纯好，既成众人的谈资，又成他的形象标志。那不变的“童颜”，平和宽柔，天生的一副福态，让人感觉亲近。山明先生平日的神情有些闲散，日常语态不温不火，一旦握笔在手，双目随即放光，警若脱兔的流眸，咫尺瞬间，追猎笔下的生机，直逐氤氲中的画意，奕奕神采，凝在其中。

山明先生之为人，外观是一副飒爽气度，内在洋溢着特有的宽厚。司空图《二十四诗品》之“旷达”有言：“生者百岁，相去几何。欢乐苦短，忧愁实多。何如尊酒，日往烟萝。花覆茅檐，疏雨相过。倒酒既尽，杖藜行歌。”与其终日相伴于尘世，何如置诸事于度外，手持尊酒，往来于烟萝之地以自适。如此田园酒仙般的旷达，不在尊酒，在于胸壑。芳兰芷草，相乐于安居之况，如有急雨相遇，也淡然相过。继而杖藜行歌，驭风而飘行千里。山明先生不善酒量，他手持的是墨笔，是墨笔下的烟云。在这烟云中出游芳郊，杖藜行歌，正可作为山明先生的写照。

二

绘画之事，外写物象，内蕴胸壑。古代的名画宝墨之中，我们总能感到两种图画思想的潜流：主模古与主写意。模古、写意本是两端，但在中国先贤们看来，模古并不专以古画之迹为模，必得思其意，积学日久，迨见己意。写意也不纯以己意是写，必以古法为规，力追高古之境。模古与写意之间的穿越，并推着绘画历史的发展。近代以来，西画之学传入中国，现代学院已成绘画传习之所，素描之法的观察方法、表现内涵均深刻地影响着中国传统的绘画，尤其人物画，对人体的研究，对造型的研究，对寻常百姓生活之神态的研究，极大地推进了中国人物画的创作。

浙派人物画正是这一历史性浪潮的生动激流。浙派人物画区别于其他地域人物画风之处，正在于其穿越的品质：既坚守写生造型，又寻求表现的突破；既要摆脱主题绘画的叙事性，又要谋求笔墨灵动、传神表情的诗性；既要让绘画注万家忧乐、洗百姓心目，又矢志潜心地营造绘事的独家法门与独特风貌。这生动的文化激流，穿越时代，代有高峰。方增先、周昌谷先生等是第一代，吴山明、刘国辉先生则是第二代的领军者。由于历史条件的改善，第二代创造者在生活积累、笔墨探索、理论背景、社会交流等等方面，均有诸多方便之处，某种意义上也促使这一代人必然走得更深更远。

当我无数次回溯这段文化史，力求深入创造者们的胸壑中去把捉那活泼泼的独特之性的时候，剔去诸多杂糅的枝蔓，真正令我感怀的，第一是那双手，那双特别灵动而又特别勤奋的手，能在瞬间摄人形体、夺人神魄。第二是南人的性情，这种性情不论宽厚，或者犀锐，总带着某种闲情逸致，带着某种切问释怀的自适。切问而近思，释怀而多恕，所以南方的诗人们总多了某种神秘的感性，多了愁肠百转的情思。绘画者播洒笔墨，抒放情怀，思想宜转换成自适，哪怕再多从艺之痛，心底总存一份快意。这是一个纯然中国人的世界，非亲历者不得体察。山明先生正是这能手与情思的典型。

山明先生的一杆笔总是那么活脱。他的绘画极具表演性。如果是录像，一个镜头可以在边上，观录其绘画之神态，另一个镜头宜安在笔杆上，实录其笔端的跳匿与变化。观者相随进入放意铺陈、紧追笔迹，然后在某个时刻，伴着眸子上的一点，口鼻的一息，眉头的一蹙，仿佛解码似的，人物的神形活在目前。山明先生的人物主要分两类：一类是历史人物，包括历史名人、文化巨匠，为这一类人物造像，他更重人物本身的神形。另一类是生活中人，其中以草原与江南为多。草原的苍茫，江南的秀丽，不停的写生之旅，开拓着他的心神，让他借此去领受生活世界的众美。他反反复复地写生活，由此把抓生机，从原朴的生活世界中捕捉画意，从真实的人物身上攫取神采。

他笔下的人物都有一种素美。这种素美非仅指墨色的素性，尤指寻常百姓素面朝天的美质，是眉头与笔尖相凝相塑的朴素内涵。那些人物既如我们生活之常见，又蓄着一种稍纵即逝的微妙情感，在中国人的世界中，总将此番形态称为“神”。

三

浙派绘画，强在笔墨。这笔墨既指用笔用墨的细腻变化，又指笔墨后面所蕴含的胸臆和襟怀。用笔讲一笔之中的一波三折的灵动之变，用墨讲米家墨戏一般的出水湿润，雨打淋漓。直如大诗人苏轼在《六月二十七日望湖楼醉书》中所言：“黑云翻墨未遮山，白雨跳珠乱入船。”那用笔直若骤雨袭来，纷乱跳匿，却都十分到位，那墨色如翻滚的黑云，遮天覆地，却总在远岚幽壑与天相接处，留下几抹飞白。讲笔墨氤氲，山水画易，人物画却难。山明先生作为新一代浙派人物画代表，尤以笔墨胜。

山明先生的绘画，笔，变幻跳匿，淋漓洒脱；墨，机趣天然，苍润华滋。方家将之总括为中锋笔痕加宿墨渗化。我观山明先生作画，有两条并行的线索。一条是笔意的追踪。人物画之难在于人物的佳好，总存一体的关系，其灵神毕现却又只在一瞬。一笔落下，既要成形，摄得人物之貌，又要聚墨，凝出墨色本身的气象。用笔讲骨法，讲气骨，用墨讲韵味，讲环生。如此笔形与墨象，气骨与韵味，环环相蕴，层层生发。高手用笔无一定之规，所谓胸有成竹，不是心中已有固定先在的图像，而是“胸怀渭川千亩，气压十万丈夫”，而是了然生活、熟悉人物的洞观和随机生发的觉察。这种笔墨生发的随机性，既要有动若脱兔的敏捷，又要含运笔起承转合的默契，如此振笔直追，直若火栗在手，丢了不舍，慢了不行，必当乘热用力，方能尝得熟果。世人看山明先生已完成的画面，颇获快意，觉得妙写生花，意趣盎然，笔笔都在筋骨结点处。殊不知这一路而来，山明先生的一杆笔点划布局，彼此呼唤，苦觅生机，仿佛深山孤行，心中总有万般纠结，恨不能有万千灵心慧眼，盼只盼笔意赫然洞开，一旦灵晕骤至，便当妙合形趣，追逐生机。如此写意，直若精神飞翔，形骸虚离，一颗心总在笔锋使转的核心处，独与天地精神往来。

山明先生作画的另一条线索是墨韵之淳化。山明先生的宿墨出神入化，肌理凝厚，中间透，边缘重，渗化天然。要实现这番宿墨墨趣，先要简笔提炼，这种简笔并不是一般的减法，而是能将人物作整体相看，并常凝成一组一团，相衬出一眸一息的顾盼流连，一举一掌的执重沧桑。山明先生曾说："经历了'山花灿烂'，方知'骨法用笔'内涵"，正是这个道理。提炼的同时，又在残墨试错，宿墨实则就是残墨、废墨的复活。复活之妙在于残墨融入形意，活用随机偶成的肌理，形成墨块与走笔之间的生动转换。那宿墨在这生动转换中，在碑帖交织的用笔中，呈现涩重与华滋、苍劲与温润的诸般相和之彩。那宿墨的墨韵常蕴一份光感，向阳舒笑，近风欹斜，含烟弄雨，顿开残落。正是这种残落，使得山明先生的绘画似古实新，其方法似拙实巧。也正是这种残落，让山明先生笔下的人物涌现出一份质朴，一种凝重，虽淡墨飘飘，却颇似黄宾虹先生的山水，凝结天地悠悠的深切关怀。

四

中国绘画总体上有一种山水化的倾向。这并不是说将人物花鸟改向山水，而是指以山水的境界和方法来塑造人心，涵融艺行。那山高月小，水落石出，画者与被画者皆在其间，生姿活态，逸笔草草，俱要疏密掩映，生动只在意写之中。山明先生正是将人物画置于一种烟波望境之中，笔墨徜徉，凝成山水般的苍润意象。人物绘画总囿于写人物形貌之难，难得笔墨自主。今日诸多人物绘画一方面克服古代人物画结构不明、造型不精之弊，另一方面却又沉迷于照相写实，常以墨色状模摄影的效果，深陷艺术遗神取貌之病。中国绘画的神采之妙在于陶冶胸中造化，吐露笔端生活。自古言养有素者，解衣盘礴，不用心而意自足。所谓养者，必得山水之供养，此又可分三端，曰敦修品行，曰观法自然，曰运用书法。又董其昌曰："朝起看云气变幻，可收拾笔端，吾尝游洞庭湖，推篷旷望，俨然米家墨戏。"此均所谓笔墨以天地为师，拜山水为供养。而天地山水，虽极尽变化，却无非生机。得此生机，宇宙生活俱在手上，人物意态呼之欲出。写人物形貌殊难，也必当灵动意写，则不求工巧而自多妙处，不刻形貌而自足神趣。宿墨的残落，可谓点石成金。凭借笔墨的交叉叠压，造成画面的温厚。那墨块如月影移壁，亦苍亦润。霏微迷漫，空洞沉冥，覆水如纩，横山如练，一派烟波氤氲之象。那宿墨天然的沉郁，力克华美秾丽之过。用笔总现镂金刻石的深度，却丝毫不滞；敷染如若古锦旧壁，光晖愈见朴质。自来墨色淡而显浓厚难，而山明先生的宿墨叠笔，却见山水风神，浓纤得中，愈浅淡，愈见绚烂，愈显浓厚。

“笔墨之妙，画者意中之妙也。”古人意象经营，强调胸中丘壑。此丘壑非仅指章法位置，尤指蕴之于胸、发乎为象的变化之道。近现代的写生直照的方法，总让艺者直面生活，直写眼前的生机生意，但也易受实见之囿，难开胸中丘壑。山明先生却艺高心阔，将人物的活动一例相看，取其中最有意者，于举首抬足之间攫其意趣。之后落笔逐意，丘壑生发无穷。观他作画，有若攀缘，于乱石巉岩中拾阶而上，在山壑交接处，乔木干霄而出，直接长空。转眼碧苔乱缕，日晖竞相而入，满目风神飒爽，一派勃勃生机。《二十四诗品》之“冲淡”中有言：“犹之蕙风，荏苒在衣。”如此柔缓的蕙风，让衣裙飘荡，周身随之相化。竹林中听竹涛回响，赏其美，于心满载而归。绘画若要如此有意，一须清淡，心清闻妙香，平居澹素，以默相守，涵养既深，天机自合。二在飘逸，顺心自然，无隔无阂，飘然意远。如此山水意象，山高水远，意境悠长，正可用以意写山明先生的成就和素心所往的方向。艺术之境达到如此高度，已近于化，吾人无不期盼山明先生天籁之发，扶摇万里，超然于迹象之外，放怀得环中之妙。回到本文第一节所写，烟云中，艺者杖藜行歌，之于山明先生，既是写照，也是众望。

一览众山小（潘天寿像） 纸本水墨 纵200厘米 横100厘米 1996年 中国美术馆藏

造化为师（黄宾虹像） 纸本水墨 纵188厘米 横94.5厘米 1996年 中国美术馆藏

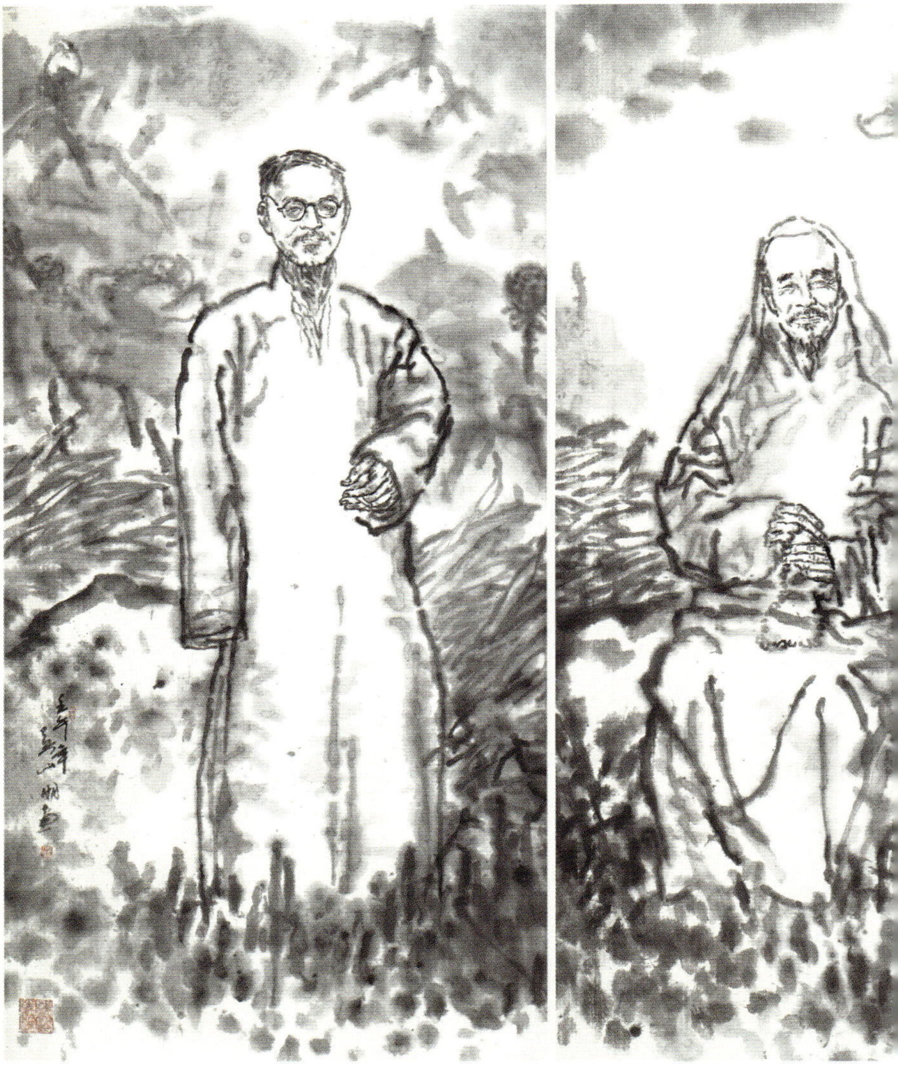

西湖秋韵　纸本水墨　纵196厘米　横294厘米　2002年

巍巍太行　纸本设色　纵220厘米　横508厘米　2017年　人民大会堂藏

目　录

第一章　画乡少年 / 1
第二章　美院学子 / 19
第三章　青年翘楚 / 45
第四章　浙派中坚 / 75
第五章　壮年变法 / 119
第六章　三上北京 / 149
第七章　桃李满园 / 171
第八章　触类旁通 / 207
艺术年表 / 235
后　记　一条流向春天的河 / 249

第一章　画乡少年

以前村里老人在教育小孩时，常会说“三岁看大，七岁看老”。想来这个观点也是老人的经验之谈吧。观之现实，往往准确。

吴山明，从他懂事起，就与画画结下了缘分。生于书画之乡的他，在物质生活极度贫乏的当年，却并不缺少艺术的滋养。

小小孩童，心中就隐藏着当个好画家的理想。

理想是灯，为他照明；理想是帆，助他远航。

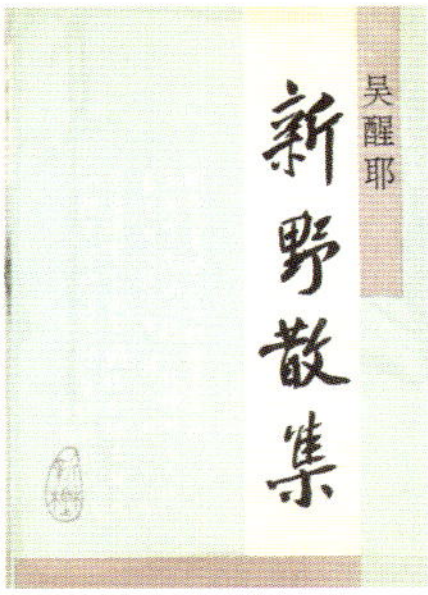

吴山明父亲著作《新野散集》

父亲吴醒耶

我对吴山明先生父亲吴醒耶的了解，主要来自其自传体散文集《新野散集》。读着此书，脑海中时时浮现的，却是吴山明先生的言行笑貌，仿佛突然之间，笔者发现了一处深埋的宝藏，颇有几分出人意表的惊喜与领悟。

父爱如山，大山沉默不语，但只要存在，就会产生永恒的影响。

由于特殊遭际，儿女众多，不难想象，父亲吴醒耶并未能给予小山明足够多的关爱，但他的聪慧与灵气、热情与达观，却已毫无保留、润物无声地注入了儿子的心田，成为儿子终生的精神财富。

前吴村风光

前吴村风光

《新野散集》中的吴醒耶简介这样写道：

1903年8月生，浙江浦江人，大学文化程度。民革成员。上海大学中文系毕业，国民党中央训练团党政班第11期结业。历任国民党中宣部驻沪特派员，浙江省救国会常务理事，杭州《午报》主笔，浙江庆元县县长、青田县县长等职，1946年愤而退出国民党。中华人民共和国成立后在华东革命大学政治研究院第一期毕业，曾参加皖北阜阳土地改革，后成为安徽省革命残废军人速成中学省级优秀教师。后任浙江省文史研究馆馆员，1988年1月起又任浙江省人民政府参事。

聪慧敏锐之人，必能较早感知时事之变化，政局之变革。学生时代的吴醒耶，没有“两耳不闻窗外事，一心只读圣贤书”，而是大量阅读进步刊物，积极参加学生运动。

吴醒耶原名声鸥，1919年，他以优异成绩考入浙江省立金华第七中学，走出山区，使他广识博闻，茅塞顿开。尤其是读了陈独秀、李大钊和鲁迅先生等人的文章后，民主政治和民族自治的观念在他脑中深深扎了根，他自感眼明了，脑清了，遂把名字改成“醒耶”。在金华读书期间，因当了学生运动的“头目”，被校方开除。之后只得赴杭读书，先去“私立安定中学”，后又考入“省立第一中学高中部师范科”（校长为金华籍著名史学家和教育家何炳松）。

刚进“私立安定中学”，因对某一问题意见不同，吴醒耶就和一位高年级“以长于作文闻名全校的同学”打了一场“笔仗”，轰动全校。同年，他又在全校辩论会中战胜高年级同学取得优胜，从而为全校师生所瞩目。

1925年，吴醒耶在“省立一中”毕业的那个学期，正是上海发生“五卅惨案”、全国各地纷纷罢工罢课以声援上海人民反帝斗争之时，激于义愤，吴醒耶发动全杭州各中等以上学校的学生，成立了“杭州中等以上学校学生‘五卅惨案’后援会”。作为省立一中的学生代表，吴醒耶被推选为学生后援会主席和次日杭州各界群众大会的临时主席、示威游行的总指挥。不久“后援会”改组恢复为“杭州学生联合会”，他仍被推选为主席。后因操劳过度以致吐血，

吴山明（右一）与父母、姐夫在一起

才不得已辞职。

热心国事始终是青年吴醒耶的主基调。

1932年，“一·二八”淞沪抗日战争爆发（淞沪抗战，指1932年1月28日至3月3日，中国军队抗击侵华日军进犯上海的作战），杭州一群爱国人士发动成立了“浙江各界救国会”，为声援十九路军的抗日英勇斗争和加强抗日宣传，还决定在杭州创办《午报》。当时，吴醒耶为“中央通讯社”的特派驻杭通讯员，被推定兼任该报主笔。满怀抗日激情，青年吴醒耶奋笔疾书，由于发表了一系列言辞激烈的社论，《午报》诞生不满10天，就被浙江省保安处以言论过激的罪名查封。

组织过学生运动、当过报纸主笔的吴醒耶，还有着当官的经历，先后在庆元、青田当县长。

抗日战争期间，1943年秋至1945年春，约一年半时间，吴醒耶为庆元县县长。

因看不惯同事的“党棍”做派，吴醒耶当县长时，庆元党、政关系紧张，“党政双方的主要负责人之间谈不上有任何私人交谊”。

就自己的职责与能力范围之内，在庆元，吴醒耶把兴学、禁赌和破除迷信三件事作为自己的工作目标。

1986年，年逾80岁的吴醒耶在回忆兴学往事时，引用了《庆元文史》中的一段有趣的记载：“民国三十三年，县长吴醒耶发动群众捐资兴学，一乡办一个中心学校，除将全县寺庙会产拨充学校经费外，还亲到各乡摊派，三济乡乡长叶明斋不肯带头，就当场放下打屁股，结果只好服服帖帖地带头捐募了。”吴山明曾问父亲是否真有此事，父亲笑答，因青田很贫困，捐资兴学很不容易，只好向官吏、富人与僧人摊派。另外，当时已不兴打屁股，打人是民间误传。

吴醒耶的原配妻子、吴山明的亲生母亲黄玉芬，育有三子三女，后在做产时，因缺医少药而逝于庆元。

黄玉芬去世时，吴山明才4虚岁。在他的记忆里，母亲快离世时，颤抖着手从枕头底下摸出了几块银圆，把它们放在小山明的手中。这是母亲留给他的唯一印象。

给予小山明温暖母爱的，是父亲续娶的妻子宋春琴。宋妈妈知书达礼，视吴山明他们如同己出。

有着吴醒耶这样经历的人，中华人民共和国成立之后的生活注定会比一般人艰难。

《前吴村志》

《白牡丹》宋春琴画　吴山明题

1949年，吴醒耶带着吴山明等子女到杭州现在的劳动路口附近去迎接解放大军进城，为表欣喜之情，又将刚出生的儿子取名“天明”；1950年，在华东革命大学政治研究院学习半年，恰逢全国掀起了“抗美援朝、保家卫国”运动，研究院迅速组成了“抗美援朝宣传鼓动委员会”，吴醒耶被推选为委员会主席；结束学习不久，被指派随同上海市政府、华东局统战部联合组织的“赴皖北土改团”前往安徽省，参加阜阳农村的土地改革运动；阜阳土改后，分配到设在凤阳的“安徽省革命残废军人速成中学”当老师，评为省级优秀教师，直到1955年上学期因故中途被迫离去……

1955年后，迎接吴醒耶的，是错判，以及后来的所谓“留场就业”。回忆往事，吴老先生没有怨天尤人、添油加醋，叙述的笔调始终平实而冷静，只是很概括地点了一句，“经受了各种屈辱和艰苦的生活”。

漫长的煎熬与等待之后，1988年，吴醒耶终于得到了法律和政治上的彻底平反，并被安排为省文史馆员、省政府参事。

在《读父亲的〈新野散集〉》一文中，吴山明表达了对父亲的挚爱与钦敬。

他说，父亲写作落笔成章很少修改，文笔极流畅而犀利，像一条水源丰富的河，静静地然而稳稳地淌着，是那样充实和丰满。

他说，父亲耿正、心诚、重情、乐善，对人对事富责任感，热忱坦荡，令晚辈自叹弗如。

“耿正、心诚、重情、乐善”，不也是吴山明自己的真实写照吗?

吴山明也像一条河，一条“水源丰富，静静地然而稳稳地淌着”的河，河的源头，就是热情似火、清澈如水的父亲吴醒耶。

父亲的影响，如影随形。

2001年7月，吴醒耶病逝于杭州，享年99岁。除《新野散集》外，其青年时代还著有《中国社会形态之一角》《受训记》等。

吴山明的继母宋春琴，生于建德中医世家，当过小学教师，是乡村引人注目的女秀才。宋妈妈严格、勤劳、聪慧，一生对丈夫体贴入微，山明对她充满了敬爱之情。当年，众多儿女一度靠宋妈妈当缝纫工，才勉强维持温饱。宋妈妈爱好学习，80岁开始习字画画，将兰竹、花卉、鸟虫学了个遍，尤以画牡丹最佳，她还参加过展览，出过《宋春琴作品集》，直到百岁还能画上几笔。每过一段时间，吴山明就要为宋妈妈精选出的作品题字，这些“寿星所作、儿子所题”的作品一经问世，就成了左邻右舍、亲戚朋友们的抢手礼品。百岁时，宋妈妈生活仍基本坚持自理，每天做些家务，生活极有规律。

2015年7月，宋妈妈与世长辞，享年102岁。吴山明悲痛不已。

藏龙卧虎的小村

吴山明，1941年11月出生于浙江省浦江县一个名叫前吴村的小山村。

浦江是个小县，面积920平方公里，截止到2013年，户籍人口也不足40万。但浦江又是文化大县，历代名人辈出，素有“文化之邦”“书画之乡”之称。

元末明初文学家、曾被朱元璋誉为“开国文臣之首”的宋濂（1310—1381），就是浦江人。

特别是书画人才，更是浦江人的骄傲。据史书记载，自宋代以来，浦江有一定造诣的书画人物达250多人。单说近百年吧，中华人民共和国成立前，张书旂、吴茀之、张振铎、郑祖纬等称雄画坛；中华人民共和国成立后，方增先、吴山明、张岳健等卓然大家；更年轻的，上海的陈琪，浙江省文联的马锋辉、骆献跃，中国美院与浙江画院的胡良勇、吴敢、吴扬，浙江师范大学的张禾，东海舰队的石照东……都是从浦江走出来的新生力量。

“文化之邦”浦江，哪怕是一个小小的前吴村，掀开其面纱瞄上一眼，你也会被她的丰采所倾倒。

前吴村四面环山，小溪潺潺，景色宜人，民风淳朴。它的历史令人神往。

据《前吴村志》记载，前吴建村已有1100余年历史，曾为浦江县西部的政治、经济、文化中心。

元朝时，前吴村出了一代名儒吴直方（1275—1356）。为实现人生理想，吴直方北游京师30余年，其人品学问为人所重，蒙古一些权臣也拜他为师。朝廷对吴直方颇多倚重，最后官拜“集贤殿大学士”。

吴直方的长子吴莱，名气比父亲更大。吴莱著名，并非当官，而是为学。

吴莱（1297—1340）是元代有名的学者，一生著作颇丰。小时候他就被人称为神童，成年后当了短期的“公务员”，因与长官不和，不久就退居家乡，潜心读书著述。曾先后在诸暨白门义塾、浦江郑义门东明精舍讲学，为家乡培育出不少人才，宋濂就是其中最杰出的。

吴莱逝世后，宋濂将老师吴莱的重要诗文编辑成册，并请刘伯温作序。刘伯温在序中赞叹：“宋君以其师吴先生之遗文若干卷示予，予一读而骇，再读而敬，三读而不知神之与接，融融漾漾，不知旨之、乐之、咏之、叹之也。于是乎乃知宋君之所以过人者，自莱也。”

清纪晓岚所编《四库全书总目提要》也说：“吴（莱）与黄溍、柳贯并受业于宋方凤，再传而为宋濂，遂开明代文章之派。”

吴山明与国画大师吴茀之，都是吴莱的后裔。

当然，童年时代的吴山明，很可能并不知晓吴直方、吴莱这些名字，更不清楚这些人对自己意味着什么，那时他最喜欢做的事，就是到处涂涂画画。

以前农村条件较好的人家，多是兄弟不分家、大屋同住的。吴山明原先也和同族人住在一座白墙黑瓦的大房子里，有一年，大房子因战乱毁于火灾，只留下了一地木炭、几堵断墙。没料，从此这些木炭就成了吴山明和小伙伴们的画笔，几堵断墙，大片火烧过的基地，就是他们天然的画布了。吴山明尽情地在基地上涂抹着心中的世界，留下了许多难忘的童年记忆。

当时在乡下，村里老百姓都说：“吴茀之画头牛，比真牛还要值钱！”这在小山明心里简直就像神

中国花鸟画大师吴茀之先生像

话故事一样。在前吴村，家家户户都要挂点画，除了祖宗像外，还有不少文人字画。吴山明家常年挂的，是一幅清代画家的《雪梅图》。而端午、重阳、清明、冬至、春节之类的节日，很多欢庆用的物品上都要画上花花草草、人物走兽，这种风俗人情，对小山明影响巨大。

吴茀之先生的侄孙吴战垒（吴士维之孙）和小山明是儿时伙伴，他们常常在一起画菩萨、三国和西游等古书中的人物。村里过节时，还有做香包的传统，村人会以乌桕木刻板，在香包上印上一些佛像祈福消灾，村人见小孩爱画，就让小山明他们绘制佛像。每次画完画，总会送几张毛边纸、几个香包作为感谢，这对小山明他们来说，也是莫大的荣誉。

母亲黄玉芬早早地离去，父亲在外当官很少回家，吴山明和姐姐吴清清，被分别寄养在亲戚家。平时生活上，姐姐是最亲近的人。

幸运的是，吴山明遇到了两位美术老师，让他接受了很好的启蒙教育。

吴茀之先生出于绘画世家，他的哥哥吴士维，能写一手漂亮的颜体书法，小山明常常能看到吴士维往农具上写字，他画的芦雁、螃蟹等，让小山明敬仰不已，无意中也受到了不少艺术熏陶。吴战垒也曾深情地回忆："平时观看祖父写字作画，更是我的最大乐趣。祖父有一支巨帚似的毛笔，可以挥写出方桌一般的大字，使我惊奇不已。"

上小学后，小山明遇到了村校校长、教美术的潘绍发先生。潘先生毕业于中央大学艺术系，是徐悲鸿、张书旂的学生，平常喜欢绘画、编戏导戏。潘先生十分喜欢聪慧的吴山明，鼓励他画画，还鼓励他参演现代社戏，让小山明感受到了亲人般的温暖。

学习之余，吴山明又发现了一个画画的好地方。在前吴村外，有个破败的老寺庙明德寺，墙上仍留有大量不甚清晰的壁画，什么八仙过海、鲤鱼跳龙门等，造型生动，吴山明见之十分欢喜。

放学后，小山明喜欢与同学们往明德寺跑。过不久，小山明笔下的古代人物也颇具神韵了，乡亲们无不啧啧称奇。

不过，现在的浦江前吴村，却已不是吴山明童年记忆中的那个古村了。1959年，政府为综合开发浦阳江水利，兴建了浦江最大的通济桥水库，前吴村地处库区淹没范围，连同附近15个村子一起举村拆迁。

前吴村村民大部分移居全县各地，因为原村附近尚有山地森林和一些田地需人管理，部分村民遂就近移迁于水库边的广明山麓，仍以前吴为名。千年古村，从兹星散。

乡人习惯将建库前的称为“老前吴”，将建库后移建的称为“新前吴”。1959年全村拆迁之时，“老前吴”共有471户、1796人；如今，“新前吴”有115户、369人。

“新前吴”，如今已成为浦江重要的旅游景点。现在，吴山明的堂弟们（叔父的儿子），仍居于“新前吴”。吴山明每次回乡，都成了兄弟们欢聚的节日。

“老哥”吴茀之

吴茀之（1900—1977），这位大名鼎鼎的中国花鸟画大师，现代浙派“领袖级”人物，正是吴山明的同村同宗人，按辈分，吴山明与这位比自己年长41岁的大师是同辈，从小习惯于喊一声“哥哥”。

从某种意义上说，正是这位老族兄，影响并推进着吴山明一生的从艺之路。

新中国成立前夕，吴山明和姐姐被父亲接到了杭州。吴山明家租住在柳浪闻莺附近的“红门局”，由于吴茀之先生的介绍，房子是潘天寿家转租给他们的。吴山明家住一楼，楼上住的，就是吴茀之一家。对于吴山明来说，这似乎是一种命中注定的缘分，与两位大画家有着一种天然的灵通。

吴茀之与1944年至1947年国立艺术专科学校（中国美术学院的前身）校长潘天寿一样，1949年以后一段时期，在学校里并不得志。

杭州解放后，1949年6月7日，军代表接管学校。7月，中华全国文学艺术工作者代表大会在京召开，确立了毛泽东提出的“为人民服务”的文艺方针。内容上，提倡作品要比普通生活“更高大、更强烈、更典型、更理想”；形式上，以年画、宣传画、连环画为主。像潘天寿、吴茀之这些讲究“笔墨趣味”的国画大师，教学上基本处于边缘化境地。

1953年，潘天寿、吴茀之、诸乐三得到一个征集与整理古代绘画资料的任务。当时，学校已改名为中央美术学院华东分院（1950年11月，由“国立艺术专科学校”改名而来），需要搜集、采购一些中国古代绘画作品作为资料积累，这就需要懂行的老先生把关掌眼，三位老权威被请出来担当此任。

60余年后回顾这段历史，我们仍然不得不说，这真是一次高明的用人之举。环视学校群雄，堪当此重任的，除了潘、吴、诸三人外，还真难以找出其他更合适的人来。

潘天寿一生从事美术事业，桃李满天下，而比他小3岁的吴茀之，可称是最相知的老友。1923年，24岁的吴茀之在上海美专遇见27岁的潘天寿，从此就结下师友情谊，一生以“寿师”相称。他们共同奠定了浙江美术学院（1958年6月，由“中央美术学院华东分院”改名而来；1993年11月，浙江美术学院改名为中国美术学院）中国画教学体系，相知相伴半个世纪的友谊，堪称画坛佳话。为更好地探讨书画艺术，早在1932年，潘天寿、吴茀之等五人就组织起“白社”国画研究会（“白”字有五画，代表五人，并取“清白为人”之意），从事诗、书、画的研究，在上海、南京、杭州等地举办白社画展，出版白社画集。在上海期间，潘、吴还常出入收藏家之门，赏鉴历代名画真迹无数，实战中炼就一双火眼金睛。

接受了学校任务后，潘天寿、诸乐三等人便常常出入吴茀之家，或许当年没人会留意到，在他们为了某一幅画热烈地讨论或争辩时，常会有一个小脑袋不知从哪儿冒出来，静静地、好奇地在那儿旁听。他，就是吴茀之的“族弟”吴山明。

当年大师们的音容笑貌，如今年逾古稀的吴山明仍然印象极深。当年潘老他们搜集到一批作品，就会几个人聚约在一起研究鉴赏，什么笔墨、印章、风格、韵味等等，一坐就是半天，小山明似懂非懂。但他们的那股认真劲儿，感染着小山明，让他本能地感知到“茀之哥”他们讨论的是大事情。

在吴山明的记忆中，茀之先生言谈直率，经常据理力争；诸乐三沉默少言，比较温和；潘天寿要言不烦，沉稳自信。几个人意见不一时，似乎最后往往以潘天寿说的意见为定。由于潘天寿他们卓有成效的工作，为学校鉴别、购进了大量明清书画珍品。

解放初，国家困难，为了购进货真价低的古字画，老先生们还要经常和送画的人讨价还价，一些画贩常喊“给得太便宜了”。不过吴山明的记忆中，有一次老先生却“被宰”了。那次，一位画贩拿来一幅画，吴茀之一看很精彩，很快谈妥价钱，以十几元钱买下，双方交割后，卖画者半开玩笑地说：“吴先生，这次我可占了便宜，此画我只花了几元钱弄来的。”吴茀之却淡定地说：“我们买画，按它的艺术价值而定，这钱，该你赚就要让你赚。”

喜欢画画是吴山明的天性，进了大城市，没了断墙与寺庙供他施展，他就在家门口弄堂的水泥地上挥洒。石头碎瓦是他的画笔，泥地是他无尽的画卷。

一次，茀之先生从学校回来，一进“红门局”弄堂，发现了满地的悲鸿之马，还有“日本鬼子”“美国佬”等，一问，才知竟是小山明的杰作。

吴茀之桃李满园，阅画无数，一眼就发现小山明天赋异禀，于是赞扬了他一番。他还启发小老弟说：“你不要老学别人，应该画自己想画的。”

老哥如此抬爱，小山明十分兴奋，就利用假期认真地画了两张画，一张是小朋友们跟解放军一起跳舞的场景；另一张是同学们去钱塘江边露营的场景（题名《野营》）。

茀之先生在其画室中，见这幅笔墨稚嫩然而有生气的《野营》，欣喜之情溢于言表。“你喜欢画画，初中毕业后就去报考美院附中吧，你爸爸那儿，我会去说。”“茀之哥”郑重其事。

此后，吴茀之就经常招呼小山明上楼去。有时看画册，“茀之哥”还会边看边讲。记得有一次，“茀之哥”翻到一幅“扬州八怪”中罗聘画的一匹马，问小山明画得好不好。小山明一看，呀，那马又瘦又弱，似乎蹄子都快掉下来了，于是道：“没有徐悲鸿先生的马神气，这马的蹄好像拖鞋那样拖着，难看！”吴茀之听后笑着拍了拍他的脑袋说：“不是不好，而是你现在还看不懂。”吴茀之还随即就那张画进行了点评，小山明似懂非懂。

吴茀之绘画很认真，还特别谦虚，平时他常将自己的作品钉在墙壁上仔细琢磨，还会让家人或学生评一评。有一次，吴茀之画了一幅公鸡图，在现场的小山明和嫂子（吴茀之夫人）看法不一。吴茀之听完他们各自的理由后，竟说：“看来，小孩子有时会发现大人没有注意的问题，我看山明的看法有点道理。”

天遂人愿。1955年，吴山明顺利考入中央美术学院华东分院附中，四年后，又以优异成绩考入浙江美术学院中国画系，开始了他的求学之路。

“茀之哥”助推吴山明进入求学艺术之路，他的那句“应该画自己想画的”，成了吴山明毕生追求并实践的艺术真谛。

第二章　美院学子

现任中国美术学院院长许江先生曾经这样说：

“吴山明先生于20世纪50年代中期入中国美院附中，历本科，度‘文革’，领改革，树高峰，将近六十载岁月，始终没有离开美院。美院之于他，是家园，又是事业；是出身，又是归属。从当年的青年助教，成长为中国画系的一代领军者；从身形活跃的浙中才俊，变为鹤发童颜的名师大家，山明先生几乎是一类成功的榜样，一种院校成长的典型。其间折射出美院育才的模式与力量，也标示着某类历练成长、自我塑造的求索路径。”

美院求学，吴山明有了最好的起始点。美院仿佛是一位艺术巨人，吴山明幸运地站在了巨人的肩膀上。

考上附中

1955年，吴山明顺利考入中央美术学院华东分院附属中等美术学校。

“顺利”，说说容易做做难。当年，美院附中面向华东六省招生，能够录取的却只有40个名额。当时报名参考的人很多，录取率约为100：1。

考试那天，小山明兴奋得早早起了床，因急于赶考，连早饭也忘了吃。

浙江美术学院附中毕业留影（第二排左三为吴山明）

专业课的考试，内容为一张素描与一幅创作。素描，吴山明并没有很正规地学过，面对讲台上的半个西瓜、两个桃子和一只茶杯，他使出了浑身解数。创作作品就容易了，机灵的小山明举重若轻，又画了一遍那幅“弗之哥”夸赞过的《野营》。

笔试之后是口试，老师们见他人小个矮，双眸清澈灵动，倒对他格外关注，不停地问东问西。知道他还饿着肚子，和蔼可亲的朱颖人老师还急忙拿出点心给他吃。

吴山明回忆，考完后，自己一点信心也没有，毕竟素描、色彩、速写都没受过系统训练。直到“中榜”很久以后，他才知道，又是《野营》帮了他，因为画作中呈现的天真与灵气，得到了评审老师们的好评。

笔者觉得，此外，当年考试的项目——“口试”环节也起到了关键作用。当口试老师面对清秀灵性、谦和稚朴的孩子时，很容易就会被学生身上自然流露的艺术灵性所感染。

不知从何时起，“口试”却退出了美院的考试。直到浙江省2012年起独创“三位一体”招生模式后，中国美院又重新开始通过教授亲自面试来选拔学生了。

面试这种选才方式好在哪儿？美院教授们说：“因为这最能看出学生除了从事美术工作外，有没有成为一个好的艺术家的素质与潜力。艺术本身都是相通的，而学生们对其他艺术的理解，光考画画却很难看出来。”

言归正传，当年，身高还不足一米四的吴山明，正是凭着他的《野营》，凭着从口试中散发出的灵性与稚朴而一举中榜。

吴山明总结说：“这个记忆对我一生影响巨大，之后我也懂得了如何招学生——要看他对生活、事物的敏感度以及继续发展的潜质。”

杭州之美，美在西湖。曾在杭州任职的两大文豪白居易、苏东坡都为西湖写下了传世名句，他们一个说“未能抛得杭州去，一半勾留是此湖”，一个说“欲把西湖比西子，淡妆浓抹总相宜”，西湖，就是他们才下眉头、又上心头的佳人。

吴山明是幸福的，因为他一生中的大多数时间，都在西湖边居住、求学、工作。西湖是吴山明的家。

当年的美院附中，校址在孤山南麓，旁边有西湖名景“平湖秋月”；学校与吴山明家租住的“红门局”，隔湖相望。

美院附中所在地孤山，可称是西湖的“文心”。

孤山是西湖中最大的岛屿，多有历代人文古迹留存；其东西两侧，分别以白堤和西泠桥与湖岸相连。白堤东首的“断桥”，正是《白蛇传》中白素贞与许仙的邂逅之处。而六朝名妓苏小小，生在西泠桥畔，葬在西泠一棵柳树下，一曲“妾乘油壁车，郎跨青骢马。何处结同心，西陵松柏下”，一咏三叹，感动了天下无数痴情男女。

北宋著名诗人“和靖先生”林逋，隐居杭州西湖，结庐孤山，梅妻鹤子，留下了千古咏梅名句：疏影横斜水清浅，暗香浮动月黄昏。创办于1904年的西泠印社，因为地近西泠桥而命名；那座清乾隆年间为存放《四库全书》而建造的文澜阁，与北京故宫文渊阁形同姊妹。它们，都为孤山平添了很多清雅与厚重。

时光流淌了六十多载，吴山明仍清晰地记得，当年他用一根扁担挑着衣被、文具等行李，从红门局出发一路向北，到“断桥残雪”后折向西行，横穿白堤，走过“平湖秋月”，到校报到。这段距离，有七八里路。

到了学校才知道，学校要次日起才正式供应伙食。无奈之下，吴山明只得和同为杭二中毕业的同学傅伯星一起，摸遍全身的口袋，凑起了7分钱，沿湖走到岳坟，买到两个烘山芋充饥。傅伯星顺手将一个大的递给了吴山明。

20世纪50年代附中同学游北京

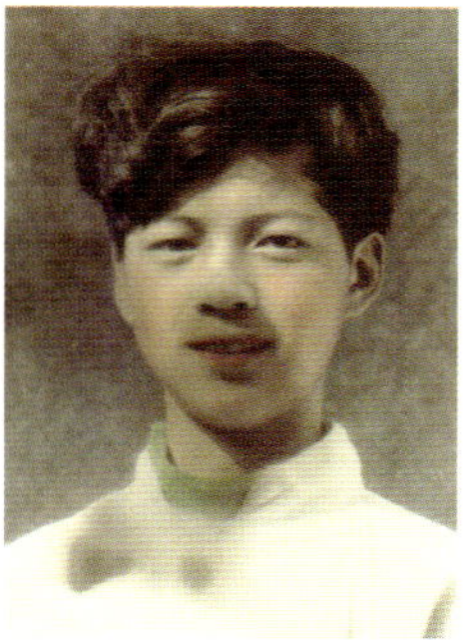

1959年附中毕业照

附中老同学50年后与老师马玉如在一起

1964年毕业展合影（右七为吴山明）

“小不拉子”一鸣惊人

学习生活总是五彩缤纷，笔者在搜集美院附中资料的过程中，也了解到不少吴山明他们当年的浪漫事；但浪漫往往是别人的，在吴山明的记忆中，似乎只剩下了学画的艰辛与快乐。

美院附中1955级42位同学中吴山明是年龄最小者之一，当年还未长个，上海同学喜喊他“小不拉子”，这让吴山明颇觉委屈。但就是这位“小不拉子”，功课都属前茅，且附中二年级时，他和傅伯星同学合作的连环画，就在规格很高的一家画报上发表了。

当年，我国一切都以“苏联老大哥”为榜样，美术界也不例外。美院附中也以苏式为基础，素描教学采用的就是“契斯恰科夫素描教学体系”。

我们知道，中国自唐宋以来，“文人画”成了画坛主流，“率性而为”“笔墨情趣”成了画论中的常用语。学画，一般也只是师徒之间经验授受，并没有形成什么“教学体系”。

20世纪50年代的中国，美术的目的，是要深入工农兵，要为工农兵服务。新中国成立后曾长期担任美院主要领导的莫朴先生曾在一篇文章中这样说：

“解放初期，根据当时的情况，我们需要培养一批能反映现实生活的创作人员，而且当时中央也发了经过毛主席批示、要大力发展反映现实生活的新年画的文件，形势急需一批发挥作用的美术干部。所以我们在教学中强调素描的基础教育，要把素描搞好，不仅仅要会写实，而且要搞创作。我们的措施就是一面搞好素描基础，一面组织师生下乡，到人民生活中去，每个学期都要到人民中去体验生活……经过这样一段时间，教学改变很快，学生反映现实生活的能力有很大的提高。上海人美、北京人美等出版社都来学校组织连环画、年画的创作出版，并对我们学校学生的创作很满意。像顾生岳、徐永祥、宋忠元等，他们画年画、连环画既快又好。”（见《外西湖时代》）

现任中国美院院长许江在对中国美术百年历程的梳理中，也曾这样说：

“20世纪的中国艺坛，受着三次西方艺术的直接影响，而且三次都是主动引进。第一次是20年代、30年代的法国艺术的影响，代表人物是林风眠、徐悲鸿；第二次是50年代的苏联艺术的影响；第三次则在80年代以后。”（见《南山肖像》）

从美术史的角度来说，不论你认不认可，“契斯恰科夫素描法”已在我国美术教学中打下深深的烙印，也为中西艺术融合提供了基点。

美院附中，是美院的“大学预科班”，附中四年，是吴山明打基础的四年。那时，他们每天上午4节专业课，下午文化课，大家学习都很刻苦且自觉。

当年附中的宗旨是“精英教学”，学校对学生要求很高，同学们也都在为能成为优秀画家而努力

70年代留影

1964年毕业与胡振宇（左一）等老同学合影（右一为吴山明）

用功。

在吴山明他们进校的前一年，苏里柯夫美术学院与列宾美术学院附中学生的美术作品，就已来到杭州并在美院展出。吴山明他们一见到这些由外国同龄人画的作品，佩服极了，画中的小提琴、不锈钢锅的质感体感都很强，令人过目难忘。

当时附中走廊里常陈列苏联美院附中学生的作品，这就是吴山明他们的活生生的榜样。一到周末，有点余钱的同学会经过白堤，进城去购买苏联出版的《星火》《艺术》等艺术刊物。有时，大家还会相约步行去“中苏友谊馆”看场苏联原版电影。

买书看电影是最大的奢侈。平时大家都很节省，在中山中路一家废纸店称斤买印刷切下的边条纸，订起本子来当作速写本；素描打稿的柳条炭也是自己烧制；铅笔用短了后，接上套子继续用。

半个世纪之后，一位学弟写回忆文章称，当年，吴山明等几位同学，能够把一张夹宣成功地撕剥成两张单宣来用，“那股小心翼翼的专注和手艺成功后的喜悦，至今还鲜活地留在我的记忆里”。

吴山明自己印象最深的还是学习生活。

教室课余要锁门，于是用功的同学就悄悄地将窗栓拉开，以便下课后随时能从窗而入，加班加点地画画。每天，许多同学一大早就在湖边或山间画日出，画湖光山色。

素描之外，就是速写。

就像莫朴先生说的那样，有的同学会画素描，却不会创作。这就像一个少林小和尚会一招一式有模有样地演练少林拳，却不会在实战中运用一样。“速写”，比素描简约、概括，正是连接素描与创作造型的一座桥梁。

为了练速写，吴山明养成了随身带小速写本的习惯，每有所见所感，就利用一切空闲勾画起来。星期天，他经常还会和几位喜欢画速写的同学一起，早上带几个馒头和一点酱菜，结伴外出去集市写生，到傍晚才返校。

而这，也成了吴山明一生的习惯。2015年2月1日，雪花飘飘，笔者于凤凰山居采访吴山明，还见他

大学时代和同学合影（左二为吴山明）

1964届部分大学老同学相聚西湖

的画桌上正摊着些不久前以圆珠笔画的速写，宛若素颜之西施，清新动人。

回忆附中的学习，吴山明深情地总结说：

“首先是有一支年富力强的教学队伍，这批从大学部选拔来的青年教师人品与艺术素质都较好，形成了一种扎实与创意的教风；其次是由于苏联教学体制的影响，附中特别重视基础教学，学生也明白要成名成家就要打好基础，因此教与学都十分投入；最后是当年社会形势相对稳定，干扰少，学生能集中心思扎扎实实地画几年画。”

纵观吴山明的从艺之路，笔者以为附中时期“深入生活”的经历与感悟，也对吴山明一生的艺术追寻产生了积极影响。

吴山明他们入学不久，附中就开始了下乡实习写生的课程，开始是旅行写生式的，后来随着政治形势的发展，还要求学生下去与农民同吃、同住、同劳动（简称“三同”）。吴山明他们住在农民家，还为农民办夜校，自编自演节目，宣讲国家政策，画宣传壁画，一段时间下来，农民就把他们当成自家人了。当时十分重视速写，下乡时学生们从早到晚几乎都在地头田间劳动、作画。

“从我个人的艺术经历看，生活不仅是产生艺术灵感的原动力，而且也是促进风格更新与技巧升华的主要因素。”很多年后，吴山明如是说。

有人说，美术可以教人如何欣赏美、发现美，却无法教人如何创造美。

“创造美”，这就要看一个艺术家的天分了。吴山明，似乎很早就表现出了能够“创造美”的某种独特天分。

附中二年级的时候，他与同学傅伯星一起创作的《两个公差》，发表在了一家画报上。

《种梨》

《华主席率领我们学大寨》

据傅伯星回忆，当时大约得了79元稿费，他和吴山明平分后，还用零钱买棒冰，从邮局到学校有好几站路，他们一路走一路吃。当年棒冰4分钱一根，他们一口气吃了好多根！入学时摸遍全身才得7分钱，如今一下子赚了那么多钱，可谓巨款了。当年，这笔钱相当于一个成人两个月的工资。

吴山明将大部分稿费都寄给了他的姐姐保存。姐姐是吴山明大学时代的经济支撑者。姐姐还特地用稿费买了毛线，为他打了一件毛衣，吴山明一直穿到了大学毕业。

《两个公差》是吴山明他们附中一年级暑假时所画，“反右”前，吴山明因父亲“出事”，不想回家；傅伯星因家贫，暑假也“赖”在了校内。当时，老师、学长不少在进行连环画、年画创作，吴山明他们初生牛犊不怕虎，经过一番商量，就开始了“创作”，投稿时并没有对发表抱有期望。

《看图读神话》

没料二年级开学之后，突然有一天，画报寄到了学校，吴山明他俩一鸣惊人了！

《两个公差》的成功，激发了吴山明继续创作连环画的激情。从处女作到1986年发表列入《西湖民间故事彩色连环画》系列的《三潭印月》与《飞来峰》，他一共创作了十多部连环画。其中与刘国辉合作的《秋瑾》曾获“全国第二届（1981年）连环画创作评奖”二等奖，2005年列入人民美术出版社《连环画精品鉴赏》系列并多次再版；而《种梨》《陆游》《从百草园到三味书屋》等也广受连环画收藏者的喜欢。值得一提的是，吴山明的大学毕业创作，也是一套连环画（合作）。

《三潭印月》

《飞来峰》

《秋瑾》、《三潭印月》与《飞来峰》虽是连环画，却以水墨画的形式绘就。用笔娴熟潇洒，设色典雅自然，人物生动传神，背景酣畅淋漓。这些连环画，拆开来看，就是一张张耐看的国画作品，它们是吴山明灵气与功力的另一证明。

创作连环画，让吴山明学生时代即在绘画的造型能力、构图能力、空间想象力方面得到了很好的锻炼及提升。这些练就的扎实基本功让他一生受益无穷。中国美院中国画系人物专业，也一直将连环画、组画列入创作主课。

傅伯星附中毕业后，更终生与连环画结缘，从事了50年创作，出版连环画作品约60册。《兴唐传》《南宋风云录》《唐伯虎故事》等都是他的力作。他的创作感悟是：“我认为，连环画是普及历史人文知识的最佳形式。”

青葱少年的故事总是幸福而多彩的。那时，孤山的游人很少，整个孤山就是美院的天堂，同学们尽管物质条件贫乏，精神生活却很富足。由于大学本部近在咫尺，附中的学生可以经常溜到大学部去听讲座，观赏大学部师生的作品，参与各种丰富多彩的文化活动，常常还能巧遇一些著名画家，领略大艺术家的风采。吴山明印象特别深刻的是，有一回，周恩来总理因外事来杭，抽空来到美院访友，学生们排队与他握手。周总理风趣地说：“一人握一次，不能往返握两次啊。”

学习很严格，课后却很活泼。当年，吴山明情窦未开，有些比他成熟的少男少女，偷偷谈起恋爱，经常半夜翻墙出去约会。

西湖畔、孤山下，爱情是最美的青春记忆，哪怕是半个世纪之后，老同学相聚谈及，仍然让人兴致盎然。

2010年，因为上海世博会，多年后来自天南海北的中央美术学院华东分院附中1955级同学，又在杭州办起了同学会，有29位同学从全国各地“飞”回母校。

大家就马克宣、邬美坤夫妇取闹，因为当年班里有三四对“早恋”同学，马克宣夫妇是唯一修成正果的一对。

从附中毕业后，马克宣被分配到上海美术电影制片厂，是《三个和尚挑水吃》的首席原画师。另外，他还画过《大闹天宫》《小蝌蚪找妈妈》《哪吒闹

1967年在夫人高晔家乡青田留影

海》等经典动画片。后来，马克宣到北京，成了北大软件与微电子学院数字艺术系的名教授。

马克宣还与吴山明、卓鹤君有过一次完美的合作，就是一起参与创作了水墨动画片《山水情》。这是一部为中国带来世界声誉的作品。

2010年相聚时，聊到他与夫人的浪漫史，马克宣教授还感慨："当年附中毕业，分配工作单位很民主，让我们填一张表格，第一志愿想到哪里，还有第二志愿、第三志愿……我还在'其他情况'里写清楚，我跟邬美坤是恋爱关系，希望能分配到一起。果然，1959年，我们同时被分配到上海美术电影制片厂……"

令吴山明他们悲伤的是，2015年4月6日，马克宣在上海病逝。斯人已逝，艺术永存。《山水情》等动

大学时代

画经典之作，必定会在艺术史上留下华丽的一笔。

美院的“开元盛世”

吴山明的附中年代，还有一次诗意的“搬家”。

那是1957年下学期，学校从孤山搬到了南山路。当年，西湖里有学校自备的小白船，平时课余可到湖中泛舟。搬家时，吴山明等将学习生活用品一起搬入小舟，从平湖秋月出发，悠悠地划向柳浪闻莺。回望蓝色琉璃瓦屋顶的校舍，以及渐渐迷离的孤山，这些不知愁的少年，此时却有几缕愁绪涌上了心头。

1959年，吴山明以优秀成绩，考进了浙江美术学院国画系（1958年6月，中央美术学院华东分院改名为浙江美术学院）。

笔者在探寻梳理美院的校史过程中，有个“意外”的发现：吴山明在浙江美术学院中国画系读本科的5年（1959年至1964年），可称得上是美院历史中的“开元盛世”。

新中国成立之后，由于政治运动频繁，师生经常被要求停课搞运动，美院的教学秩序屡受冲击。1959年、1960年开始，逐渐有了一个较好的学习氛围。1960年，党中央提出“调整、巩固、充实、提高”的八字方针，全国形势有了很大转变。文化部、教育部也出台相关文件，强调学校要稳定教学秩序，提高教学质量；强调学校工作应以教学为主、以课堂教学为主。此后几年，学校工作得到大力改进，教学、创作、学术研究各方面都有了很大的进展。

1953年，学院成立“民族艺术遗产研究室”，潘天寿担任主任。1957年4月，省委决定并经中央批准，潘天寿出任副院长，这一年，潘天寿还发表了重要谈话《谈谈中国传统绘画的风格》；1959年12月，潘天寿任浙江美术学院院长。

随着潘天寿等老先生重掌教学大旗，美院发生了一系列重大变化。

一是恢复“中国画系”。

50年代头几年，美院仅存绘画、雕塑两个系，1955年，撤销绘画系，建立彩墨画、油画、版画三个系。当时称“彩墨画”而不称“中国画”，是因为有领导认为“国画”的提法比较保守封建。潘天寿1957年出任副院长，同年“彩墨画系”也改为了“中国画系”。

二是完善了中国画教学的体制。

1958年开始，潘天寿提出国画要分科教学，实践中先从高年级开始分科。1961年4月，北京召开全国高等学校文科和艺术院校教材编选计划会议。潘天寿适时发表了《中国画系人物、山水、花鸟三科应该分科学习的意见》，并在理论上给予科学的论证，得到了文化部和与会者的一致肯定。1962年起，全国艺术院校陆续实施了国画分科教学。

半个多世纪过去了，研读潘天寿先生《中国画系人物、山水、花鸟三科应该分科学习的意见》，其高屋建瓴的气魄、实事求是的精神、科学缜密的谋划，仍然深深地震撼了笔者。潘先生提出，由于人物、山水、花鸟历史上的成就“极为精大”，分科之后容易学有所成，当然，也不是只学一门，比如学人物的，以人物为主，山水、花鸟为辅；学山水的，山水为主，人物、花鸟为辅。具体教学时间上，各科各课程的设置也有主次轻重之安排。比如低年级的专业基础课，学人物的，写生应多于临摹；学花鸟的，写生与临摹可以参半；学山水的，临摹可多于写生。原因是很多艺术院校附近并没有真山真水可以写生，江南之地，就算有山水，满山满谷草木蓬勃，见不到山土山石，找不到轮廓皴法，学生对此写生会很困难。因此，低年级学生可在临摹古人画稿的基础上，由学校安排较集中的时间，到山水名胜地做写生练习。

回忆这段历史，吴山明感触很深：当年分科教学，对保护中国画起到了独特作用。他说，50年代，政治对文艺的要求十分明确，重视与提倡那些能直接服务于政治的文艺形式，从绘画来说，人物画被认为“比较有用”，而像花鸟、山水以及书法篆刻等专业，却面临着危机。直至60年代初，政治形势向有利于艺术“百花齐放”的方向发展，潘先生等老一辈先生及时抓住这个机遇，并以其在学术上的威望，实现了中国画系正式分科教学，从而为中国画中一些被弱化了的门类争得了生存空间，这对中国画的全面发展意义深远。

三是对素描教学问题进行“反思”。

50年代初，美院的素描教学风格比较多样，主要以徐悲鸿从法国学回来的方法为主。1952年引进“契斯恰科夫素描法”后，明暗关系很强烈的苏联素描模式，很快一统天下。新中国成立前留学法国、德国、日本等国家的教授们引进的素描法被排斥。

多年来，潘天寿一直主张中国画应以白描和双勾为基础训练内容，也不太同意“素描是一切造型艺术的基础”的观点。60年代初，不少美院老师不满足于单一的苏联模式，开始探索更适合国情的基础造型教学模式。

1962年，学院还举办了一系列学术讲座，研讨素描教学问题。潘天寿也不是全盘否定素描，认为素描可以画一点，但明暗不要多，应以短期作业为主。他还作了《关于中国画的基础训练》的发言，提出不少深刻见解：西洋素描主要以明暗法来捉形，中国画却用线勾大轮廓而不用明暗；中国画系除共同的理论课外，要学的科目还有很多，比如诗词、书法、篆刻、画理、题跋等，是油画、雕塑等系所没有的。

研讨会基本达成以下共识：素描教学须在现实主义的观察和表现方法的基础上，加强写生、临摹、速写和默写的训练；不同的专业可有不同的要求，流派、风格多样化是好事。

吴山明说，当年方增先、顾生岳等年轻老师就是根据潘先生的理念，进行了中国画专业素描的探索，他们以西方素描中具有东方审美因素的“结构素描”为基础，强化用线造型与线的表现力，使其既保持原有严谨、理性的特点，又具备东方的审美特征，从而与中国画专业相适应。这种造型与专业在审美上的内在有机联系，使造型基础训练在向专业过渡时产生了更好的教学效果。

美院此后的素描教学开始采用新做法了。中国画系的大一新生还是明暗画，白描课也同时进行。二年级开始，就要他们弱化明暗，以线为主，从对象的结构出发，明暗只起辅助作用。这种方增先、顾生岳等老师提倡的方法，被师生简称为“结构素描”或“专业素描”。这样做的好处是，明暗可以让新生很快形成“体积”的观念，转向以线为主后，学生会明白这个线是概括体积的，就会比较有内容，而不致空洞无物。

几乎同时，书法老师请来了，古典文学、诗词题跋课也开设了。当时规定，每天早上一小时自修课，就练习梅、兰、竹、菊以及书法，雷打不动。这当然是潘天寿名言“三分读书，三分写字，三分画画，一分其他”的生动实践了。

小八路　纸本设色　纵70厘米　横41厘米　1978年

四是艺术佳作频现，学术气氛浓厚。

学院指定青年教师向潘天寿、吴茀之、诸乐三等老先生拜师学艺，创造各种条件帮助他们成材。1961年左右，花鸟、山水画创作进入鼎盛时期，潘天寿、吴茀之、诸乐三、顾坤伯等都有杰作产生。更令人欣喜的就是现代“浙派人物画”流派的形成以及取得了极高的艺术成就。

然而，1963年秋开始，“运动”又多了起来，美院教学工作基本停止，“开元盛世”结束了。

一个人的成功，天时、地利、人和缺一不可。吴山明几乎是在美院最好的时间段进了大学。

“大师仍在”，潘天寿、吴茀之等国画大师重新得到重用；“新人辈出”，其时美院以李震坚、周昌谷、方增先和顾生岳、宋忠元为代表的现代浙派意笔、工笔人物画群体，力作频出，独领风骚。

刚进大学，或许吴山明自己也没有想到，第一只迎接他的“拦路虎”，竟是附中时练就的“过硬基本功”。

附中四年，严谨的苏式造型观念，根深蒂固地植进了吴山明他们的脑中。然而，以面为主的苏式造型并不能向以线为主的中国画创作自然过渡，吴山明回忆，考上中国画系后，到了素描和白描课，问题就来了。附中打下的造型基础，对于中国画系所要求的传统造型观念来说，从面到线还需要一个转化的过程。传统绘画强调的书写性的“线”，与苏式造型中的“轮廓线”并不一样，这就好比英语的字母与中国的拼音字母一样，外表相似，内涵不一。反而是那些直接从普通高中考进美院的同学，倒没有这种“转变之阵痛”。好在经过一番刻苦，吴山明较快地完成了从苏式到中国式以线造型的转变。

很多年之后，吴山明在给一位学生的画册写的序言中这样说：“附中的教学，一直是以西方办学模式作为基础的，黄骏在经受严格的造型与色彩训练的同时，也受到了西方审美观念的影响。紧接着深造，除部分造型基础课延续着西方模式外，其他几乎都是中国传统绘画的艺术殿堂。黄骏经历了附中、美院两段很不同的专业教育，受到了良好的东西方艺术的熏陶，这是黄骏现在探讨的艺术基础所在，特别是中国画系的教学，更为黄骏的艺术注入了传统的血液。”

这段话，可以看作吴山明的夫子自道。

这段文字，言简意赅地点明了美院附中与大学、中与西的区别。这种大学阶段强调传统的情况，正是从吴山明读大学时开始的，正是在现代“浙派人物画”探索的过程中具体实施的。

大学时代和党委书记高培明（前排左四）、院长潘天寿（前排左五）等老师、同学合影（后排左四为吴山明）

第三章　青年翘楚

作家张爱玲说，出名要趁早。

我们熟悉的诸多名人，都是这句话的有力证明。

其实，那些成功人士，由于特别聪明，总会从同龄人中脱颖而出。他们在成名后，又能比别人更加执着于自己的事业，从而更将绝大多数人远远地抛在后面。

有人评价钱锺书是“最聪明的人，却以最笨拙的方式老老实实地做学问”。聪明，让他鹤立鸡群；笨拙，让他日臻完美。

吴山明的成功，也是“聪明”与“笨拙”的完美结合。

现代“浙派人物画”

最早的浙派，因开创人戴进为浙江杭州人而得名。其主要成员还有吴伟、张路、蒋嵩等人。戴进虽也曾服务于宫廷，但浙派画家在继承传统的同时，比当时的院派（亦称院体）更注意个人笔墨技法与画风的变化。浙派画家讲究笔墨的放纵洒脱、酣畅淋漓。当然，同是浙派画家，风格亦各有区别。在明代前期，浙派追随者甚众，影响颇大，左右画坛一百余年。到了明代中后期，浙派画家逐渐失去画坛主流地

"文革"期间和友人周道明、李卫民游黄山（左一为吴山明）

1983年与黑龙江研修班学生在一起（前排右六为吴山明）

位，而被新兴的"吴门画派"所取代。

那么，现代"浙派人物画"又是在一种怎样的境况下诞生的呢?

在唐朝以前，人物画一直是中国画坛之主流，元、明后，由于文人画的勃兴，更容易抒发文人性情的山水花鸟画发展很快，相对而言，历史更悠久的人物画反而进程变缓慢了，特别是意笔人物画，似乎一直没能得到充分发展。

新中国成立前的美术学校，在中国画教学中人物画也是薄弱环节。到了20世纪50年代初，一切发生了根本的变化。政治对文艺提出了明确的宣教要求，意笔人物画也不能不改变原来比较程式化的作风，来适应新形势的要求，以求得自身在新的历史条件下的存在和发展。

意笔人物画，以文人画为主要特征，随性自由，人物多简率概括，讲究意到笔不到，这种面貌，必须进行全面改造，否则很难圆满完成时代赋予的历史使命。于是，全国的画家们开始了艰苦的求索。几年之后，中国人物画界形成了几个比较大的艺术流派，以浙江美术学院为中心形成的，就是现代"浙派人物画"。

如果一定要给它一个定义，我们大致可以这

壓青
松青
松挺
且直

陈毅同志像　纸本设色　纵75厘米　横90厘米　1977年

1982年吴山明在杭州市美协作画示范

样说：

浙派意笔人物画诞生于20世纪五六十年代。以李震坚、周昌谷、方增先为代表的一批浙江画家，在潘天寿等老先生的直接关照下，一改古代意笔人物画不强调写实的风格，凭借深厚的素描功底和造型能力，吸纳了西方素描、色彩等技法，同时从书法艺术的用笔中汲取线描的营养，借鉴花鸟画用墨用色的技法，创造性地将现代造型与文人画优秀笔墨融合起来，从而准确地表现了千变万化具有不同个性的现代人物。

传统笔墨技法，在现代浙派新内容新形式的探索中再次得到了肯定。这一颇具时代特色的画法，马上成为当时国内在现实主义理论指导下的画界主流。

梳理现代“浙派人物画”的形成，好几件事值得一记。

慧眼识才

新中国初期，绘画系的教学比较乱，主课只有素描、色彩两门，艺术理论主要是贯彻毛泽东《在延安文艺座谈会上的讲话》。为了闯出人物画新路，50年代初，美院选中了李震坚、周昌谷、方增先、宋忠元、顾生岳（前三位主攻“意笔”，后二位主攻“工笔”）这几位西洋造型功底坚实，又有艺术才华的青年老师，进行国画创新。回眸这段历史，我们不得不说，所选五人，都是画界之青年翘楚。

确定目标

吴山明介绍，当时全国人物画的情况大致如下：徐悲鸿、蒋兆和开创的京派人物画，在40年代以前已形成风格，他们从山水画中汲取线描的营养，以勾勒与大量皴擦相结合的方式，深入地刻画人物形象，笔墨完全依附于人物造型，线的勾勒服务于正确扎实的人体结构，因此，线的形式感几乎完全淹没在具体的人物形象之中。蒋兆和的《流民图》，在这方面就很成功。叶浅予的人物画，主要以速写为造型基础，在意笔中锋线描中追求变化，突出线的节奏感与韵律感，追求东方型的单纯美。在京的黄胄先生的人物画，以中锋为主要线描形式，注重效果与形象塑造的实际需要，线条的速写味较重，给人以奔放、自如、生动之感，在艺术表现上比较自由。“浙派人物画”要有自己的个性，怎么定位，当时的青年创新群体在老先生们的学术关照下，浙派确立目标：注重笔墨的传统性，从书法、花鸟画中汲取营养，尽可能地发挥传统优秀元素作用，同时从学习西方造型中追求精确。“浙派人物画”最后呈现给观者的就是“以传统写意手法表现的写实人物画与现实生活”。

敦煌临摹

大学之时，浙派初创者主要学西画，对传统的笔墨造型方法并没有太多接触。因此，转变艺术观念与提升传统技法，成了当务之急。1954年6月，文化部组织浙江美术学院和中央美术学院师生（中央美院由叶浅予老师带着3个学生刘勃舒、詹建俊、汪志杰参加），去敦煌莫高窟考察和临摹壁画。浙江美术学院教授金浪、邓白等率领青年教师李震坚、周昌谷、方增先、宋忠元，共7人参加。到敦煌之后，李震坚他们就借来一些资料，先练练白描，研究线条。之后就进洞里面去临摹，一气临了三四个月，主要是学习传统技法，增强传统理念。

20世纪80年代，吴山明（左一）与美院同事舒传曦、卢坤峰、洪世清等先生在一起

雁荡写生

1955年6月，潘天寿、吴茀之、诸乐三、潘韵等老先生又携方增先、宋忠元等，去雁荡山写生，相当于给年轻人“开小灶”。方增先等就拿着毛笔、带上宣纸去画风景写生，画好后请老先生们指点。潘天寿等老先生提醒他们回去后还要好好临摹学习山水、书法。这让他们铭记了一辈子。

诞生作品

在敦煌临摹了几个月后，年轻老师们还得到了去牧区写生的机会。此后，这几位天赋奇高的年轻人，在老先生的指点下，开始把山水花鸟、壁画的技法融入现代人物画创作的实践中，竟然很快创作出一批佳作，一举成名。

宋忠元先生曾在一次访谈中说：“当年，我们把原来的西洋画法一下子改成中国画法，在创作中间只能咬紧牙关，尽量把素描的影子抛开，坚持用线来塑造对象，周昌谷素描、色彩能力都很强，一画就画出《两个羊羔》这种表现方法；方增先创作的《拾蘑菇》，还是稍微有一点明暗的感觉；我自己创作了《牧区医疗队》。”

1955年，《两个羊羔》《拾蘑菇》《牧区医疗队》还一起参加了在华沙举行的第五届世界青年联欢节。《两个羊羔》描绘了一位藏族女孩观看两只小羊羔戏耍的情景，生动地表现了新中国成立之后草原人民幸福美满的生存状态，作品所具有的深刻内涵和艺

苏比依　纸本设色　纵46厘米　横35厘米　1975年

术价值，使它获得了那次世界青年联欢节的“金质奖章”，这也是新中国成立后中国画荣获的第一个国际大奖。

此后，方增先的《粒粒皆辛苦》、李震坚的《井冈山的斗争》、顾生岳的《拖拉机到咱社来代耕》等一系列作品纷纷问世，现代“浙派人物画”遂为全国画坛所瞩目。

从美术史的角度来说，现代“浙派人物画”，是继以徐悲鸿、蒋兆和等为代表的“京派人物画”之后的又一新兴现代水墨人物画派。

美术史论家陈传席先生曾在其代表作《画坛点将录》中比较“京派”与“浙派”人物画创作的区别。他的结论是：“京派”以徐悲鸿的艺术思想为理论基础，他们的人物画都是以素描为基础的，可简称“素描式”；“浙派”强调传统笔墨，强调“写”，人物的衣服等常以大写意花鸟画的画法来处理，可简称“花鸟式”。

老师们

吴山明说，浙江画家中出过不少大师，不少先生给了他艺术滋养。其中潘天寿、吴茀之、陆俨少等都直接教过他。黄宾虹先生虽然没有教过他，却也有一面之缘。

在大学时代，除课堂外，吴山明还经常能听到潘天寿等老先生的讲座，潘老讲话主题很集中，时间把握得也很准确，剖析问题冷静而严谨，着眼点高，言简意赅，因此学生的笔记，很容易整理成很完整的讲义。

潘天寿的深邃思想，对吴山明影响至深。记得有一次，吴山明等学生跟着潘老看中国画系走廊里挂的年轻老师的画，潘老边走边点评，其中有一句后来成了潘氏名言：“脸还是要洗洗干净的。”（作者注：这是批评明暗素描法还是用得太多）

吴山明留校任教的第二年，浙美部分师生赴浙江上虞丰惠参加社会主义教育运动，他还有机会跟随潘老一段时间，观摹其现场作画。

记得社教将结束时，台州地委的一位领导邀请潘老回老家走走，美院党委书记高培明指定周昌谷、张品操和吴山明陪同前往。那位地委领导是文化人，很懂画，实际上是请潘天寿去作画的。潘老对自己的作品要求很严格，至今吴山明仍记得，对不太满意的作品，潘天寿总是一揉即丢进纸篓，重新铺纸再画。画前总会思考一番，运笔不快，自信，稳健，一笔接着一笔，一气呵成。潘老还画了张较大的画，对于画面上的主线穿插，笔与笔的交错，潘老经常停笔思考，想定了便一挥而就，出奇制胜，令人叹服！吴山明说：“我在一旁常常估计着潘老下一笔轻重与可能穿插的方位，但却往往在我的预料之外，潘老画艺让人惊叹。”

这次相伴还有个意外之喜。在回杭州的汽车上，吴山明还与张品操相约，同时请潘老给他们每人画一幅小画，没想到，一开口潘老马上同意了。回杭几天后，潘老就给张品操画了只大公鸡，给吴山明画的一

20世纪70年代中期，吴山明在延边写生

幅是石上停着八哥。可惜，“文革”后期，潘老的这张八哥图竟不翼而飞了。

“弗之哥”自然一直关心着小弟弟的成长。吴山明大学时画的成名作《飞雪迎春》，就由吴茀之题字。据吴茀之家人回忆，吴老离开人世前几天，还与陪同的亲人们谈起吴山明小时候学画的情景，他的确是对这位族弟寄予了满腔厚望。

当然，与吴山明接触更多的，还是几位直接任教的中国画系老师。

吴山明说，潘天寿先生在中国画教学上很有思想。他倡导中国画教学要重视临摹，给学生配备了非常有传统功夫的老教师。当时，花鸟有吴茀之、诸乐三、陆抑非等先生；山水有顾坤伯、潘韵，后来又来了陆俨少；人物有黄羲先生；书法有陆维钊、沙孟海等。传统主要由老先生教，年轻教师们主要负责造型与专业写生课。潘老的这种安排，使学生一上中国画系就接受了传统的基础教育。

“那个阶段培养出来的毕业生，对传统的素养和笔墨驾驭能力，到现在来看在全国都是出类拔萃的。”

黄羲先生不会画现代人物画，只教传统人物画。他的传统功力非常深厚，将宣纸竖在墙上作画，很少平铺，古装人物兼工带写，徒手勾来，一挥而就，给吴山明留下了深刻印象。

吴山明进美院时，正值李震坚、周昌谷、方增先等人的创作高峰期，像《井冈山的斗争》《说红书》等作品的创作全程，吴山明他们几乎都看到了。

当时的教育方法，主要是学习老师们的画法，学习浙派人物画已经形成的艺术特点。

吴山明这样评价：这三位老师都有高超的笔墨技艺与驾驭能力，写生能力特别强，都一直保持着对生活的激情、敏感与热爱，能够源源不断地发现现实生活中的美。创作方面，李老师重人物的刻画

漆绿　纸本设色　纵98厘米　横57厘米　1978年

与塑造，人物形象雄健、壮美、深刻；周老师比较追求风格，个性鲜明，在探索线条美、形式美、书法以及色彩方面创意甚多，取得了很高成就；方老师善于提炼与概括，在把握对象的形神与创作主题的深化方面成就很高。

吴山明读书时，总体上李震坚、方增先老师教得多一点，因为周昌谷先生身体一直欠佳。

李震坚先生善于画大画，他借鉴了很多西方特别是俄罗斯绘画的造型因素，又不断增强水墨的表现力，再加上书法和花鸟画的深厚功底，千方百计地利用笔墨来表现深刻的生活感受，并在技法上做了很多探索和实践。李震坚直观写生能力较强，这么多年过去了，他的人物写生作品，仍是中国美院学生很好的学习范本。

李震坚对待创作极其严谨。他的《井冈山的斗争》是幅大场面多人物的作品，创作前，李震坚特意去井冈山体验生活，写生了很多人物，其中有一个赤卫队老农，画得十分精彩，后来成了这张作品中的一个重要人物形象。

后来，吴山明去井冈山时，也找到了这位叫邹文楷的老农，提出要为他再画张像。老人一口答应，不过要求吴山明第二天去。第二天见到老人，本来山农打扮的他，此刻却换上了过年的新衣服，还刮光了胡须，都不像他本人了。吴山明认真画好后，自认少了“乡土气”，比不上李老师的那张原生态，一下子就能让人联想到那个岁月峥嵘的革命年代。

李震坚的肖像画达到了很高的艺术成就，吴山明佩服之至。

有一次，李老师给进修班的同学示范写生人体，画完之后，才发现下面还粘着一张宣纸，拿掉上面已画好的那张，发现下面这张墨色似有似无。当时吴山明恰巧在场，就提醒说把下面这张也画完，不会比上面的差。李老师那天心情很好，拿笔简练地加了几笔，果然成了张佳作。李老师把上面那张交给了系里，下面这张却不知被哪位同学拿走了。没料30多年后，吴山明居然在书画市场偶然购得了此画，着实让他高兴了好多天。

周昌谷，吴山明对他的评价是“修养全面，功力深厚，创意性特强”。由于《两个羊羔》在国际上获奖，社会反响巨大，吴山明在美院附中时就知道他了。吴山明刚上附中一年级时，学校的展览馆举办周昌谷先生从滇南采风回来的写生展，学生们观展后，敬佩不已。

生活中的周昌谷，风趣幽默，乐于助人，朋友或学生找他写字画画，他从不拒绝。这些为人之道，潜移默化地影响着学生们。

吴山明说，周昌谷最大的特点，是有艺术语言的个性追求，用色大胆，直接用原色纯色，尤其是色墨混用，在他手里显得不同凡响，画面洋溢着鲜活而生动的气息。

方增先比李震坚、周昌谷年龄略小一点，但他却是现代“浙派人物画”创始人中影响时间最长、作用最大的一位，在很长的历史时期里，现代“浙派人物画”创作以他为旗帜。吴山明和方增先是老乡，感情

1964年第3期《美术》封面

《飞雪迎春》

上自然多了份亲近。

吴山明说，方老师的几幅代表作，从构思到初稿直至正稿的反复，自己几乎都目睹了。无论过去与现在，方老师都应是中国人物画传统与创新的标杆。他的创造精神与胆魄，永远值得我们晚辈好好学习。

吴山明谈了方增先的几大贡献，一是基础教学上提倡了结构素描；二是方老师对生活极为敏感，一生都在不断地求索与变法，作品中善于表现“生活中最生动的瞬间”，他的代表作，对全国都有很大影响，是那个阶段中国意笔人物画如何从传统到创新的一种标杆；三是写生，美院在全国较早提倡以笔墨直接对人写生，方老师画得不但精彩而且灌注以情感，这对学生影响也很大。

吴山明也很关注并尊重宋忠元、顾生岳两位工笔人物画老师的作品。

1959年刚进中国画系，吴山明见到宋忠元老师正在创作气势恢宏的《文成公主入藏图》，画面造型、用线、色彩均浑然一体，有永乐宫壁画那样的大构成装饰美，吴山明也从中汲取到了艺术营养。

吴山明这样评价顾生岳：老先生直到晚年都在精益求精，勇攀艺术之巅。他的《红衣少女》等许多作品，无疑是当代中国工笔人物画的经典之作。

道法自然（局部） 2014年

邂逅黄宾虹

吴山明与山水画大师黄宾虹虽只有一面之缘，但黄先生的艺术，特别是他对宿墨画法的杰出探索，却深深地影响和启迪了吴山明。可以说，黄先生是吴山明艺术上的一位精神导师。

那是1952年，12岁的吴山明正在杭州二中读初中。他遇到了一位像在老家时一样棒的美术老师——沈萍初。当时，吴山明的画在同学中并不是最好的，但沈老师被吴山明画中自然透露出的生动与灵气所打动，给予了很多的指导与关爱。同时，还让吴山明当美术课代表，这给了乡下来的吴山明极大的鼓励。

写到这儿，笔者忍不住要为这位沈老师点个赞。很多年以前，笔者曾经采访过吴茀之的弟子、义乌籍画家吴伟山（1939—2007），他在回忆自己的学艺之路时，也提到了进杭二中后遇到了“好老师沈萍初”。

言归正传。正是在杭二中期间，一次，吴山明和班上同学在宝石山上搞队日活动，下山时碰到了一位留着长须、头戴圆睡帽、身着长衫、拄着手杖，边走边在一小本子上画画的老者。孩子们好奇地一拥而上，并推着吴山明嚷嚷：“爷爷，爷爷，这是我们的小画家。”老人开心地笑了，爱抚地摸了一下吴山明的头：“噢！好，画画好，画画好！”

当时，吴山明并不知道这位一见难忘的老人是谁，直到1955年考进中央美术学院华东分院附中，看到了黄宾虹的照片才知悉，这位和蔼可亲的长者，竟然就是寓居杭州的一代大师黄宾虹。可惜，老人已于当年3月去世了。

此后，吴山明知道了黄老更多的事迹。

1948年，黄宾虹以85岁高龄，应国立杭州艺术专科学校之聘请，赴杭担任教授，直至1955年病逝。

黄老与栖霞岭有缘，来杭后先是寓居栖霞岭19号学校宿舍，后又居住于栖霞岭32号的一座旧式小楼。黄老经常至栖霞岭丛林中散步，并随带小本、铅笔画速写，有时还前往孤山、玉泉、灵隐或天竺等地写生。

黄老对西湖、栖霞岭感情很深，创作有《栖霞岭园居图》等力作，还写下“愿作西湖老画人”的诗句。

几十年过去了，晚年黄老搜尽奇峰打草稿的身影，仍然时时萦绕在吴山明的脑际，而且越来越清晰，成了一种情结。

终于有一天，吴山明再也抑制不住创作冲动，数易其稿，绘就了六尺整张的黄宾虹肖像《胸贮五岳》（1982年），并且充满感情地写下这样一段话：“余童稚时，有幸见黄宾虹先生于北山之麓。先生仰望葛崖初阳，回首栖霞，执铅笔、小本速记之。作此以表怀念之情。”这是吴山明第一次为黄宾虹造像。

这一年，吴山明不止一次为黄宾虹造像，1984年出版的《吴山明画选》中，选用的就是另一张尺幅较小的《胸贮五岳》（1982年，80cm×40cm）。同年他还创作了一幅名为《造化为师》的六尺整张黄宾虹肖像，它与《胸贮五岳》一样，也以现代浙派手法绘

造化为师 纸本设色 纵196厘米 横98厘米 1982年

就，这两幅作品，可以说代表了吴山明“宿墨变法”之前的最高水准。

此后，吴山明又多次为黄宾虹造像，在他出版的较为重要的画册中，都会选用黄宾虹肖像。

1996年，吴山明仍以《造化为师》为题创作的黄宾虹像，就已是纯熟的淡宿墨画法了。画中的题字为：“以宿墨积墨法重画宾虹老肖像。”“宿墨积墨”正是黄老的艺术特点，而1996年的吴山明，已在人物画中将淡宿墨法运用得炉火纯青，这是在向黄老致敬。

这幅《造化为师》，还留下了一段艺坛佳话。

1996年秋，著名作家贾平凹先生来杭，巧遇吴山明夫妇。饭后去吴山明画室赏画，入门就见正墙高悬一张六尺整张大画，旁边是同样尺寸的两幅画稿。

在同行的杭州文友陈军的怂恿下，贾平凹文思泉涌，取过一幅画稿就题道：

“丙子岁秋，在杭州遇吴山明教授夫妇，吴赤面白发，气息饱满，是大造之人，在素春斋吃罢饭，返其所观画，壁有黄宾虹之像，如活人出壁，又观数幅草图，叹画家之艰辛认真。吴则以其一张赠我，令我大喜过望。虽然是草图，然也是上品，从中可见先生之艺术也。”

题完一记，又取过第二张画稿，继续写——

“山明教授为黄宾虹造像，作草图三幅。赠我一幅，赠陈军一幅。陈军所得之头逼真，然我所得之衣著妙。今夜夺教授之美物，实为强盗。教授痛煞，吾辈则狂喜。数百年后，若有人见教授一幅，又得寻平

傣家寨写生　纸本设色　纵68厘米　横75厘米　1978年

凹陈军，世上宾虹造像真三也。”

之后，又为高悬正中的《造化为师》题记——

“宾虹大师逝后四十年，山明先生为其造像，吾今夜初见，嗒然若失自身；吾虽未见大师，却觉正是大师。大师立于江南西湖，湿润朦胧，真气淋漓。此画草稿有三，一幅吾藏，一幅陈军存，大师南国北国共奉，先生之画艺江头江尾同赏。”

前面两幅，贾平凹都是直接题字于画面上；第三则题记，因为《造化为师》事实上已是定稿并非“草稿”，所以是另题于三尺宽（与画同宽）的宣纸上的。

2014年，年逾七旬的吴山明再为心中的导师写照，画《道法自然》一幅，且画中又有一则其作品中并不多见的较长题字：“余少年时，曾于杭城北山路西湖之滨，偶遇边走边写生之黄宾虹先生，后三次为先生写照，今黄老诞辰百五十周年，再作此图以纪念之。”此作列入了“重返单纯——吴山明执教五十年、从艺六十年中国画艺术展”展览。

2014年底至2015年初，由中国国家画院主办的“写意中国——2014中国国家画院年展”开展，作为中国国家画院国画院副院长，吴山明以一幅《知白守黑》（黄宾虹肖像，2014年创作）参展。画中的黄宾虹，正俯案挥毫，静默庄严，尽显大师风范。画中题曰：“纪念黄宾虹先生诞辰一百五十周年。”

2015年4月，中国美术馆举办了“浑厚华滋本民族——黄宾虹诞辰150周年纪念特展”，吴山明的《造化为师》（1996年，已为该馆收藏），和靳尚谊先生的油画《晚年黄宾虹》一起，悬挂于画展前言的两边，成了画展中最引人注目的作品。

为同一人造像多次，这在吴山明的艺术生涯中，应该是绝无仅有的。

还有更耐人寻味的。

2014年，吴山明先后在中国美术馆、浙江美术馆举办了“重返单纯——吴山明执教五十年、从艺六十年中国画艺术展”，该展在浙江美术馆开幕之时，楼上的展厅展出的正是“宾虹气象——黄宾虹作品展”，100多件山水、花鸟和书法精品，将黄宾虹的艺术风貌一一呈现。

细心的观众还发现，“重返单纯”艺术展的海报，背景就用了一张黄宾虹的肖像画，淡淡的水墨，清亮中透出厚重。这就是很难被“复制”的淡宿墨画法。

如今吴山明这样说：“我经常谈到黄宾虹先生的了不起，他绘画的成就就是一条大河，现代的画家哪怕从他身上吸取某一点，都会有所成就。”

成名作与毕业作

“深入生活”在吴山明的成长中，起到了十分重要的作用。他的成名作与毕业作品，也都是“深入生活”的艺术结晶。

他的大学毕业作品，是与同学合作的梅家坞茶农《卢镇豪家史》连环画。

美院附中时代，除合作发表《两个公差》外，吴山明还多次参与连环画集体创作。

1959年春，吴山明他们全班同学，应江苏常州戚墅堰机车厂之邀，下厂体验生活，奋战20天，合作为该厂绘制了厂史连环画《火车头颂》。同年9月，该书就由浙江人民美术出版社出版。

大学临近毕业时，系领导安排吴山明和倪绍勇、李绍然两位同学去龙井梅家坞为全国劳动模范、梅家坞大队党支部书记卢镇豪画一套家史连环画。吴山明他们在梅家坞卢镇豪家住了一个多月，仔细搜集各类资料，深入了解卢家历史。这时的吴山明，对于连环画创作已很有经验，但他们仍然一丝不苟，以中国画的白描方式，把每一幅画都作为独立的人物画来反复探究。

好事还在后头，这套《卢镇豪家史》，参加了在北京举行的“全国高等美术院校1964年毕业生创作展

1964年第6期《美术》刊出了《卢镇豪家史》两张选页

览会”，因形式新颖，引起广泛关注。观展的陈毅元帅看后也大为赞赏：“大学生能以连环画作为毕业创作，把最普及的形式作为美术创作课题来对待，是一条很好的路子。”

1964年第6期《美术》，刊出了《卢镇豪家史》连环画中的两张选页。

这是吴山明的作品第二次出现在这份当年中国美术界最权威的刊物上。

第一次上《美术》，是同年第3期发表的处女作《飞雪迎春》。

在大学三年级时，吴山明随班下乡跟农民“三同”，年关临近的一个晚上，村里开生产队会议，散会后走在路上，大家都很兴奋。在瑞雪中，一路走，一路还不时地互对着点烟，这点小小的红，在朦胧的雪夜中，显得既神秘又亮眼。刚下过雪，整个调子很冷，但和谐温馨，生活的诗意油然而生。

回校后，这一幕仍不时地在吴山明的脑海闪现。他就拿起画笔，创作了《飞雪迎春》：一群农村干部正开完会，迎着雪花一路走，有人呵着热气相互点烟，旁边是农村常见的桑树林和稻草堆，增添了“瑞雪兆丰年”的希冀与温暖。

据吴山明的学弟黄发榜回忆，当年为了画好此作，吴山明曾画过不少人物头像。有些头像同学们认为已经很好了，农民的质朴和浑厚，村干部在雪中的神态与气氛，都已表达得很恰当了，但吴山明还是把一些他认为不够好的头像重新再画！

精益求精，成就学生时代的一幅力作。茀之先生很欣慰地为此作题了字。

一个年轻画家在《美术》上连发作品，很快引起了画坛的关注。

后来，吴山明偶然得到一本台湾美术机构出版的资料，里面竟然记录着“《飞雪迎春》为吴山明的成名作”，倒让他自己颇有几分惊奇。

第四章　浙派中坚

屈原说，路漫漫其修远兮，吾将上下而求索。柳永说，衣带渐宽终不悔，为伊消得人憔悴。

1964年大学毕业后，吴山明以优异成绩留校任教。此后20年，他上下求索，衣带渐宽终不悔，终成浙派人物画与现代中国人物画坛当之无愧的代表性人物之一。

艰难岁月中的探索

1964年大学毕业后，吴山明开始了教书育人的生涯，与他一起留校的中国画系同学，还有卢坤峰与杨象宪。

政治风云变幻，“文革”这场飙风马上就要刮来。

1965年的吴山明，仍然一心扑在艺术追求中，根本没时间感知空气中已飘荡丝丝不安气氛。这一年，省文化部门以及美院筹办“援越抗美美术作品展览会”，初当老师的吴山明寻思着画出新意。当时，作为越南民族绘画的“磨漆画”，由于在法国殖民统治期间受到现代绘画的影响，变得颇具现代感，已成了国际画坛关注的画种之一。

吴山明就从此切入，参考了磨漆画精神，创作了

《浙东的孩子》

《畲族民间故事》

反映革命者崇高形象的《阮文追》《烽火姐妹》等几张大画，主要用浙派人物画的技法，同时把越南磨漆画浓重丰富的色彩感糅合进去，大块大块的红颜色与蓝颜色在画中具有强烈的表现意识，巧妙地表现了战争烈火与越南的蓝天白云。由于同是东方艺术，审美较为接近，因此这些作品融合得十分自然。这以后，更引起吴山明对色彩的关注和思考。

1965年7月至9月，“援越抗美美术作品展览会”先在美院陈列馆展出，之后又去了宁波、嘉兴、温州和金华巡展。吴山明的作品，得到了美院老辈先生们与观众的赞赏和关注。

吴山明很久后一直喜欢“磨漆画”，认为如继续下去也许会形成新的创新面貌。这是吴山明毕业不久后的一次极有意义的创作尝试。

“文革”时期，年轻的吴山明因不属“反动权威”，故未曾被“打倒”。而学校基本停课，很多人都去搞运动，画画的人很少，吴山明因此被指派与方增先、卢坤峰一起，筹办编辑《工农兵画报》。

浙江版《工农兵画报》是一本以刊载连环画为主的综合性艺术读物，创刊于1967年6月9日，终刊于1980年12月，共出版334期（其中创刊号至第34期为报纸，此后为杂志）。

《浪花渡》封面以及部分插图作品

吴山明仍像大学时代一样，潜心于钻研历代艺术的丰富遗存，利用一切机会磨砺自己的画笔。大量速写作品、精彩的文学插图，都是他奋斗路上的见证。

上海人民出版社出版的《工农兵生活速写》系列，是那个时代影响巨大的出版物。1972年12月出版的第一集，就有吴山明的作品，同期刊出的还有老师李震坚、顾生岳的作品。1976年5月出版的《工农兵生活速写》第三集，吴山明以《牧区交流会》入选。这是一幅反映天山脚下牧民们参加交流会盛况的速写，骑着骏马的牧民从四面八方赶来，较远处帐篷顶顶，红旗猎猎，一派生机盎然的景象。

天津人民美术出版社1973年出版的《速写选集》，发表吴山明两幅反映工人工作情景的《磨洞》和表现知青的《下乡知识青年》。

至于“文学插图”，笔者搜集到的最早作品为

《浙东的孩子》，这本1965年出版的小说集，共有13幅黑白插图，此书由吴山明和另一人负责插图和装帧设计。

北京人民出版社1973年出版的方楠短篇小说集《浪花渡》，其中6幅插图是吴山明1973年的作品，笔墨潇洒，用色丰富，每幅都是精美的人物画。

另外，《畲族民间故事》《小福子破案记》《白居易的故事》《词林采英》等文学作品，都有吴山明别具神韵的水墨插图。

浙江教育出版社《中国传统文化故事荟萃》丛书中的《成才的足迹》，收录了22个成才故事，收录了吴山明48幅插图。创作这些插图，堪比完成一本连环画。江苏教育出版社《世界历史名人画传》丛书中的《曹雪芹》，22幅彩色插图由吴山明与其弟子尉晓榕合作完成，可谓幅幅精彩。

“文革”期间，美院教学生活不够正常，主要以一些短期培训班为主。比如从1967年开始举办的“工

《成才的足迹》封面以及部分插图作品

《世界历史名人画传·曹雪芹》封面

农兵红太阳画像班”，到1970年共办了20期。

在这样的环境下，除完成学校交给的工农兵大学生班教学任务外，吴山明还开始编写教材并在此后陆续出版。

几位意笔人物画先驱

吴山明以意笔人物画扬名艺坛，从大学时代开始，他就孜孜不倦地从传统中汲取营养，追寻古代经典，探究各个时期绘画风格变迁的原因及得失。特别是那些具有开拓性贡献的意笔人物画家，成了他重点研究的对象。

吴山明介绍，我国历代意笔人物画发展不平衡，总体上讲，宋代与当代较有开创性。

五代、宋是意笔人物画发展的一个新阶段，在中国绘画史上，开创了意笔人物与工笔人物共存并荣的新局面。五代、宋之时，由于工商业的发展，人们

《世界历史名人画传·曹雪芹》插图

《世界历史名人画传·曹雪芹》插图

对绘画的要求也多面起来，思想活跃，题材面扩大，五代时除正统严谨的工笔画外，另一种追求趣味而表现更活泼的“粗笔型绘画”渐渐应运而生，贯休、石恪、梁楷等人，在吴道子、王维等人的基础上，发展出了这一“粗笔”水墨型、简约生动的新绘画。这种绘画因其重意、粗笔、简约、自如，在五代、宋时被称为“简笔人物画”，后来美术史上正式名其为“意笔人物画”。

特别是宋代的梁楷，又将意笔人物加以强化，并逐渐趋于完善和系统化，最终形成一种具有新的生命力和独立审美价值的画法。在梁楷等人的笔下，无论画文人骚客、道释仙侣、渔夫农家等，都以大笔挥洒，或以简笔勾勒，形成笔墨自由奔放、形象简练朴拙、造型概括夸张的艺术特色，给人以强烈的艺术感染力，创造了与“工笔画”截然不同的绘画品类。

明代人物画从总体上比元代有生气，许多著名画家也常作意笔人物，如唐寅、戴进、吴伟等都留下许多精品，但个性化的突破并不多，互相之间风格上也有大同小异之嫌。以花鸟画著称的徐渭，偶作意笔人物画，采用花鸟画上的泼墨技法，用极简的笔法勾勒，用笔高古简练，造型生动奇逸，倒令人耳目一新。

明代需要提及的，还有大画家陈洪绶（号老莲），今诸暨市枫桥镇人，是一位工笔人物画大师。他以古拙的造型和线描，以独特的圆中寓方的装饰性构成规律，创出了工笔人物画一个新的技法和审美领域。他这方面的艺术理念与成就，给以后意笔人物画线描的发展提供了十分宝贵的借鉴。其《西厢记》插图、《水浒叶子》等版刻作品，影响至今。

20世纪90年代和孔仲起（右二）、童中焘（左一）合作

与方增先老师（左三）合影

“文革”初吴山明夫妇在新安江合影

清代的意笔人物画比元、明活跃且略具生气。比如扬州画派中一些擅长意笔人物的画家。这些画家大多是多面手，他们强化了元、明以来文人画的传统，在形式美的追求上，个性与情感的发挥上，新的意趣的开拓上，都作出了创造性的努力与成果。代表画家有石涛、金农、罗聘、李方膺、黄慎、高其佩等人。虽然石涛、金农等主要画山水或花鸟，但他们与徐渭相似，偶作人物，辄气度不凡，意境有奇趣。首创了“指墨画”的高其佩，运指如笔，出神入化，古朴自然，也为中国画坛开辟了一种新风。

另外，清末任颐（字伯年，今萧山人）异军突起，集元、明、清意笔人物画之大成，充实完善了任派风格。他凭借过人的天资，终成中国意笔人物画领域中出类拔萃的巨匠。他无论人物或花鸟都挥洒淋漓，笔力雄劲，线的表现力特强，特别是肖像写真，形神兼备，更显示出他敏锐的观察力和高超的写实能力，已达到历史上少见的水平。他对清代人物画的发展作了高水平的终结，同时也为我国意笔人物线描的发展做出了开拓性贡献。

特别值得注意的是，任伯年的作品，对现代浙派人物画的发展影响巨大。

吴山明这样说，任伯年虽然继承了文人画相当一部分的传统，但他的作品更接近生活，更贴近现实，他画中的现实主义因素比较强。人物画的学习需要多方面营养，当年，美院老先生们想选一些对学生有帮助的古代中国人物画作为学习范本，后来发现很少有古代画家能与任伯年在造型、作品数量及质量上相媲美，他的作品更容易与当代文艺相合拍，甚至好些地方可以被我们直接吸取、运用到自己的绘画创作中。因此，任伯年的作品自然成了学习范本的首选。

任伯年对“浙派”人物画的启示，首先是他的造型方法，这种方法是在立足中国传统的同时接受西方影响的，这种以中国传统造型观念为依托、自然融入西方观察方法的写生能力，在绘画史上非常难得；其次是任伯年的色彩，晚清时代已有机会接触西方色彩，任伯年非常聪明，他像吸收造型那样，自然地把西方的色彩运用到中国画之中，而且处理得非常好，在宣纸上彻底地把色彩用活了，给了当代画家无限的启迪。

浙江出了陈老莲、任伯年这两位大画家，吴山明备感自豪，甚为推崇。

1997年，诸暨市政府采纳吴山明等人的建议，举办了纪念陈老莲的学术活动，同时还修复了陈老莲故居，建立了陈老莲纪念馆，举行了陈老莲及弟子作品展。

2000年任伯年诞辰160周年，又是在吴山明等人的

傣家女（下乡教学示范作） 纸本设色 纵68厘米 横56厘米 1978年

鉴湖鱼市　速写　1987年

扬谷　速写　1987年

力推下，由萧山市人民政府、浙江省美协联合主办，浙江省中国人物画研究会承办，举行了一系列纪念活动：分别在浙江画院、浙江博物馆举行“纪念任伯年诞辰160周年暨浙江省当代中国人物画邀请展”“纪念任伯年诞辰160周年暨‘四任画派’作品展”；在任伯年故里萧山市瓜沥镇举行“纪念任伯年诞辰160周年暨‘四任画派’学术研讨会”，不少重量级的专家学者参加了任伯年纪念碑揭碑仪式与学术研讨会。

两个活动，分别结集而成《陈洪绶研究文集》《任伯年研究文集》，吴山明亲自撰写了两本文集的序言。

夫人高晔

“文革”这些年，艰难而动荡，吴山明最欣慰的，是收获了爱情与家庭。

吴冠中先生有一篇感人至深的散文《他和她……》，写了妻子一辈子为他默默付出，写了妻子从不懂丹青到成了丈夫作品的“第一观众”与“第一批评者”的角色转变，文字朴实而真挚，情感浓郁而深沉。

一位成功男人的背后，都有一个默默付出的好女人。

百草园　纸本设色　纵128厘米　横62厘米　1981年

吴山明夫妇早年合影

认识吴山明的人，也都知道他是一个怕老婆的人。因为深爱，因为了解，因为尊重，因为歉疚，所以就“怕”了。

2013年一次接受访问时，吴山明这样评价夫人高晔女士：她的天赋不亚于我，她开始做音乐，后来因管孩子、管家务，进美院工作后又改做其他行当，她的机遇不如我。但其实她的天赋是很高的，她对自己的要求也很高。

这番肺腑之言，是他们几十年夫妻生活的最动人的解说词。

时间回到半个世纪前，我们可以一起见证他们浪漫而艰辛的爱情生活。

1966年冬天一个平凡的日子，年轻教师吴山明结友前往诸暨县越剧团探望一位朋友。就在他往剧团宿舍木梯攀登时，一位纯朴靓丽的少女，端着一盆衣服，正款款地从楼上下来。仰视之间，小伙心头涌起阵阵波澜。吴山明的笔下，曾经出现过许许多多的美女，这一刻，眼前这位活力四射的少女，竟让他有了触电的感觉……很快，他们就确定了恋爱关系。这一年，吴山明25岁，高晔19岁。

几年后，他们结婚了。1970年1月，大儿子吴扬出生；次年，喜添千金吴高岚；1975年，次子吴高强出生。在此期间，他们有六七年时间分居两地，平时相

《吴山明画选》封面

20世纪80年代初在甘南玛曲草原牧民家

会匆匆，主要凭书信传情。

高晔经常外出演出，有时吴山明约好时间赶过去，也会错过。虽艰辛，也甜蜜，有离别的不舍，也有牵挂的温暖。直到1974年，高晔才调到杭州，进美院从事水印技工专业，并开始研学中国画。

整个70年代，是吴山明夫妇家庭负担最重的日子。上有老人，下有三个孩子，工资不高，负担不轻。挺过艰苦岁月，孩子长大成材，这个家庭成了众人艳羡的艺术之家。有的同事经常半开玩笑地跟吴山明说："吴老师，我并不羡慕你的艺术成就与地位，但你的那个艺术之家，着实叫人眼红啊！"

是啊，这个家庭，人人都不简单啊。

吴山明自不用说。

女主人高晔，毕业于浙江艺术学校和中国美术学院专业证书班，擅画花卉兰竹。因创作《宋诗新韵》三次获国家大奖，现为中国音乐家协会会员；同时因花鸟画上的成就，又是浙江省美术家协会会员，浙江省花鸟画家协会会员，浙江省女花鸟画家

傣家诗人（下乡示范作品）　纸本设色　纵82厘米　横70厘米　1978年

协会副主席。

毕业于中央美术学院本科和中国美术学院中国画系人物研修班的吴扬，现为浙江画院国家一级画师、省级专业高评委。

吴高岚，毕业于中国美术学院中国画系人物专业，擅长工笔，艺术教育专家，现为浙江大学建筑工程学院教师。

吴高强，毕业于中国美术学院，又先后取得华中科技大学EMBA学位、加拿大魁北克大学与中国浙江

2008年黄河源写生

姑娘（下乡教学示范作品） 纸本设色 纵70厘米 横41厘米 1978年

工商大学中加合作办学项目MPM（项目管理硕士）学位。现任浙江艺术职业学院科研处研究成员、南昌理工学院客座教授、艺术经纪人。

有人曾经这样总结吴山明一家：

一家人的艺术风格、艺术兴趣都不尽一致：父亲意笔，女儿工笔；先生人物，夫人花卉；父亲喜欢乡野人物，儿子擅长城市人物；母亲还有专业音乐。

能够成就这样一个艺术之家，高晔女士居功至伟。

她是美女，也是才女；是良母，也是贤妻。

她的专业是音乐，会唱歌，会唱戏，后来又无师自通开始搞作曲。她特别喜爱和擅长为古诗词谱曲，早在1995年，就开始为自己喜爱的唐诗宋词谱曲。她将中国戏曲音乐元素与绘画艺术的意境相融合来谱曲，2003年10月以交响乐的形式在杭州音乐厅公演。这场名为“唐风宋韵”的音乐会，水平之高颇为专业同行所认可。浙江大学百年校庆时，推出了“宋词新韵”交响合唱音乐会，上演的作品也是高晔谱曲。“宋词新韵”获四项国家级最高奖项，她也从普通音乐人，成了全国音协会员。

音乐家高晔，嫁给吴山明后又成了画家。

吴山明说，开始她完全是外行，从事水印工作后，接触了绘画，加上平时耳濡目染，就拿起了画笔。吴山明见她悟性很好，也很认真，就让他拜卢坤峰为师。后来，高晔又坐进教室，认认真真地做了回美院学生。卢坤峰是位十分耿直的人，很多人自称是他学生，他都不承认，但他一直说“高晔是

新疆姑娘（下乡教学示范作品） 纸本设色 纵43厘米 横35厘米 1975年

我学生”。

高晔的作品，以幽兰、墨竹为多，她将慧心与灵气注入中国画特有的线条笔墨之中，在音乐的旋律和运笔的节奏中寻找共鸣的艺术之美。作品形神兼备，清气逼人。作家冯骥才先生观高晔画竹后赞曰：“高晔画竹俊秀挺拔，劲美之极。”

高晔，就像钱锺书背后的才女杨绛女士那样，淡定从容，举重若轻，成了家庭生活的主心骨，从而让吴山明可以尽量撇开家务琐事的羁绊，醉心于攀登艺术的高峰。

当年吴山明初见高晔，“仰视”了不过几秒钟，高晔女士，却用一生的坚守与付出，“仰视”呵护了“吴老师”一辈子。

吴山明自然十分清楚妻子的付出，近些年，他数次在不同场合表示：我一直想为她做点事，去

20世纪80年代在西部写生

晨炊　纸本设色　纵35厘米　横37厘米　1984年

北京办画展？出本像样的画册？还是鼓励她继续作曲子？

现实生活中，吴山明也不缺乏浪漫。据吴扬报料，父亲现在依然很浪漫，母亲过生日时，父亲会特地让他买一束红艳艳的玫瑰花，去献给母亲。

绍兴水乡祖孙 速写

千山万水

1984年7月上海人民美术出版社出版的《吴山明画选》，是研究吴山明国画艺术的极其重要的文本。

因为这本画册有着承前启后的意义——它既是吴山明熟练运用现代浙派技法进行创作的“总结”，也是其开创宿墨画法的“前兆”。

从学校毕业到1984年，已整整20年。这20年间，他已成了现代浙派画家群体的资深导师。

王伯敏在《吴山明画选》序言中提到：这是吴山明1980年至1982年在云南的德宏、大理、石林，山东的沂蒙山区，湖南的凤凰县，甘肃的玛曲、碌曲等地的写生作品。

其实吴山明的万里之行，早在1975年就开始了。

那一年，受新疆维吾尔自治区文化部门和学校委托，吴山明和徐永祥等老师一行五人前往新疆伊犁地区，为新疆自治区美术创作骨干培训班授课。西北草原迎面吹来的爽利的风，牧民们粗犷豁达的外表与热情好客的内心，边疆学员表现出的认真刻苦与对艺术的痴迷，一切的一切，都让吴山明他们焕发出无穷的激情，他们一边认真教学，一边在牧区写生深入生活。

短短半年间，吴山明创作了上百幅人物肖像画和速写。这些作品生动而技法娴熟，似乎还热乎乎地带着那些人物的体温。

回杭后，学校特意为他们举办了赴新疆作品汇报展，因为这是“文革”后期第一次教师赴边写生展，受到了美院师生的热情关注。因为“文革”期间，“写生”已远离了美院师生。周昌谷先生观看了作品联展后，很是赞扬，逢人便说：“赶紧去看看吴山明他们的画。”

吴山明说，其实当时他的画法中，吸取方增先、李震坚老师的东西更多一些，但周昌谷并不介意，只要学生画得好，他就会用自己的方式鼓励晚辈。

20年前，吴山明刚进附中时就看到了周昌谷老师的写生展，异常钦佩；几经沧桑，20年后，周昌谷老师观看吴山明等“文革”后的画展时，竟也给予了很高的评价。

1979年，吴山明凭着自己的实力脱颖而出，担任了国画系人物画教研组组长。他采风的步伐，迈得更远更勤了。

云南，是吴山明喜爱的采风之地。1978年，他第一次来到云南。后来，又多次踏上这片神奇的土地。

云南位于我国西南边陲，是人类文明重要的发祥地之一。生活在距今170万年前的云南元谋人，是目前发现的亚洲最早人类。云南是个多民族省份，其中彝族、白族、哈尼族、傣族、壮族、苗族等都有百万人口以上。

吴山明到过的德宏傣族景颇族自治州，“德宏”是傣语的音译，“德”为下面，“宏”为怒江，意思是“怒江下游的地方”。吴山明走遍了德宏自治州下辖的芒市、瑞丽市等县市，参加了傣族著名的泼水节。

大理白族自治州，地处云南省中部偏西，东巡洱海，西及点苍山脉，是我国西南边疆开发较早的地区之一。境内以蝴蝶泉、苍山、洱海、大理古城、崇圣寺三塔等景点最有代表性。

少数民族特有的文化和古朴浓郁的民俗风情，与云南省奇特秀美的自然奇观相辉映，更为这神奇之地倍添丰采。来自江南秀润之地的吴山明深深沉醉于此，激起了无限的创作愿望。

《吴山明画选》中，有两幅反映“泼水节”的作品，还有《瑞丽江的姑娘》（1982年）、《缅桂花开》（1979年）、《喜春图》（1979年）、《月上柳梢》（1982年）等作品，表现的都是傣族或白族姑娘俏丽苗条的形象。

其中，《瑞丽江的姑娘》是吴山明为房东的女儿

山东蒙山娃　纸本设色　纵68厘米　横51厘米　1979年

画的像，画上还有一句题跋：房东小女是一位聪明而文静的好学生。

当年，吴山明与宋忠元、刘江等几位同去采风的同事一起，就分头打地铺住在了高高的傣家竹楼上，与学生时代和农民“三同”一样，和傣家人民打成了一片。房东是生产队队长，忠厚朴实，房东小女，就十分自然地成了“画中人”。后来，吴山明又数次赴瑞丽采风，仍住在老房东家，当年的小女孩已成为母亲，吴山明又为她画了速写以作留念。

1980年前后，吴山明又先后到过山东沂蒙山区、湖南凤凰、内蒙古呼伦贝尔草原、浙江水乡等地采风。

沂蒙山区是一个革命老区，“沂蒙红嫂”的感人故事传颂至今。在友人与学生的介绍下，吴山明

20世纪80年代初，吴山明老师在青海藏族群众家中做客

饱经风霜的藏族老汉（指墨画） 纸本设色 纵66厘米 横70厘米 1982年

访问了两位健在的“红嫂”，并为她们画像。《吴山明画选》中有一幅作于1979年的《当年妇救会长》，画上的老人，目光深邃，巍然如山，题跋这样写：“当年抗日妇救会长刘威涛大娘的妇女翻身歌、救亡歌，将我们带到当年抗战的日子。沂蒙人民英勇奋战的业绩，犹如眼前。己未冬月黄花傲霜时画于沂水南岸。”

湖南凤凰县，隶属于湘西土家族苗族自治州。凤凰古城建于清康熙四十三年，已有300多年的历史。凤凰县是国家历史文化名城，曾被外国作家称赞为“中国最美丽的小城”。它也是作家沈从文、画家黄永玉的故乡。

画册中的《湘西少女》《湘西苗妇》《佳节》《年迈的苗家婆婆》，似乎已然艺术地勾勒出苗家女子的一生——她们的青春与活力，她们的快乐与憧憬，她们的坚守与执着。

在此后的创作中，苗女仍无数次地闯入吴山明的画面，她们那高如牛角的银光闪闪的头饰，她们盛装打扮去赴会时流露出的娇羞与喜悦，一次次地击中了观画者内心最柔软的那部分。

甘南采风

《吴山明画选》中一共选了63幅作品，除了反映傣族、白族、汉族、彝族、苗族人民的作品之外，其他近30幅作品，表现的都是甘南藏族自治州的人物风情。甘南采风，在吴山明的艺术生涯中，占据着十分重要的位置。

1980年夏秋之交，吴山明与几位老学生结伴而行，深入甘川高原的腹地，在甘南藏族自治州的玛曲、碌曲等县生活了一个多月。

甘南藏族自治州是全国十个藏族自治州之一，位于甘肃省西南部，地处青藏高原东北边缘与黄土高原西部过渡地段，境内草原广阔。因行政区域在甘肃省南部，并以藏族为主体民族而得名。下辖合作市和临潭、卓尼、迭部、舟曲、夏河、玛曲、碌曲7个县。

甘南一瞥　纸本水墨　纵50厘米　横67厘米　1980年

吴山明他们主要活动的玛曲、碌曲，在久居江南的画家们看来，不异于异国他乡，这里的风土人情，深深地刺激着他们的艺术神经。

玛曲县总面积10190平方公里，按2011年的统计，总人口也不过5.49万，其中藏族占三分之二，平均海拔3700米。玛曲古属羌族地区，公元663年吐蕃统一青藏高原后，才成为藏族的游牧之地。碌曲县位于甘、青、川三省交界处，至2013年，下辖2个镇、5个乡，总面积5298平方公里，总人口3.65万人。最著名的特产主要有藏獒和蕨麻猪。

来到地广人稀的藏族聚居区，为了能画出一些有特色的牧民生活，吴山明他们经常必须跋涉十多里地，去寻找游牧点。由于语言不通，他们还常常被凶猛的牧羊犬阻拦于帐围之外，不但一无所获，还要以啃干方便面充饥。但是，对草原生活的强烈向往，对艺术创作的高度自觉，激励着他们不断扩大搜索的范围。吴山明到过草原很深处，进入过雪山之下。有一次，途经蒙古族聚居的草原，车子不幸下陷，当晚气温下降，瑟瑟寒风中，吴山明师生五个人只得盖一床被子在卡车上过夜。让他终生难忘的是，老学生郭广业为保护老师，竟一夜捂着老师的脚直到天明。

经历千辛万苦，吴山明他们终于与多民族牧民结下了友谊，画下了许多平时不易见到的生动场面。鲜活的牧民聚居区生活，犹如一幕大戏，徐徐地在画家们面前呈现出了它的多彩面貌。当然，要捕捉到生活的多彩，还需要一双慧眼，更需一腔激情。

吴山明说，他们一路上就遇到过一些青年画家，他们奔波了几天后就累了、怕了，再在旅社里休息几天便返回去了。其实这也容易理解，以世俗的眼光来看，牧区生活是平凡单调的。比如玛曲草原，牧民们日复一日地游牧、挤奶、打酥油、社交，生活的确很平淡。再加上经常烈日暴晒，人烟稀少，生活艰苦，很快就会使一般人兴趣大减。特别是当你在看看近、走走远的草原尽头，找到的也只是几个帐篷时，也经常会因可画的东西少而失望。

吴山明说，当年与几位画家结伴来到草原深处，与一些最平凡的牧民成了朋友后，才算真正体会到了藏族聚居区生活丰富多彩、动人心魄的一面。

在吴山明看来，藏族聚居区人们勤劳、彪悍，家庭和睦，私有观念不强，尚保留一点原始共产主义的气息。藏族聚居区老人们诙谐而风趣，思想比较保守；青年一代走南闯北，有的当过解放军，有的上过民族学院，因此思想比较开放。大草原给了他们健壮的体魄、豪放的性格，他们敢爱敢恨，追求热烈的爱情与美好的生活。特别是在节日里，男女青年互相追逐，男骑手健壮潇洒，女骑手秀美爽朗，骏马时而飞驰，时而小跑，运动之中，人与马优美结合，马与马之间灵活穿插，加上艳丽而厚重的衣着，闪闪发光的金银饰品，在蓝天绿草、金色阳光的映衬下，显得流畅壮美，多姿多彩。

吴山明他们融洽地处于西北各民族牧民之中，喝着热情少女捧上的酥油茶，仔细地观察着，快速地在小本上画下来。那些潇洒自如的人与马的组合，那些扣人心弦的惊险一刻，那些襟飘带舞、温柔可人的倩影，都是走马观花的画家永远无法捕捉到的。

在甘南一个多月，吴山明画了近百张写生。当地人很敬重老人，看到头发白的吴山明，他们都会很配合地坐下来让他细画。

在云南、山东、湘西、新疆、内蒙古，吴山明都没有感觉到笔墨表现上有障碍。来到甘肃，走进玛曲、碌曲，形象与环境，和云南、山东、湘西都大不一样了，异域之风情比内蒙古还要强烈。甘南特有的地貌、充足的阳光、鲜艳的色彩、形象的野趣，与江浙一带的风土人情迥然有别。吴山明有了一种新的强烈的表现欲望，对原来的表现技法有了新思考，他必须经常根据对象的感受所需，灵活地变通、试探着多种新的表现手法。

中国画理论中讲“外师造化，中得心源”。要使中国画在继承的基础上不断发展，必须坚持“师造化”，不坚持这一点，继承下来的东西就很难进一步发展。“师造化”能够使画家跳出固有的技法，又能很好地利用传统功底。

吴山明强烈地意识到，要准确反映心中对藏族聚居地的感受，必须改变原先常用的比较秀气的用线方法，因而他就多用浑厚的线。他的线条有时浑厚而苍拙，有时浑厚而奔放，有时用浓枯笔，这些都凭当场的感受而顺其自然地发挥。

用很多枯笔的同时，吴山明也用了重色，一些作品甚至有了油画的色彩感觉。这些画尽管没有脱离浙

小学生（下乡教学写生示范作品）　纸本设色　纵89厘米　横60厘米　1981年

藏族汉子（下乡教学示范作品） 纸本设色 纵138厘米 横68厘米 1980年

派人物画的范围，但他已非常尊重自己的生活感受，将浙派人物画变得更加粗犷苍润了。

当一位石雕似的老人坐在面前时，吴山明就自然地将枯笔线和泼墨结合起来表现，以使人物形象庄重而古朴。对在阳光下的少女，吴山明又试着用淡墨表现阳光下的迷离感。有时则又浓墨淡墨混用，以“拖泥带水法”一气呵成。

吴山明开心的是，有时很顺利地画出一幅出乎意料的好画。正是瞬间的那种艺术灵感，突然使技巧升华，并得心应手地将内心的感受表现了出来。

在此，我们欣赏一下吴山明甘南采风的两张作品。

《小学生》，这是在甘南的“草原小学”画的写生。

带有原野味的藏娃十分入画，由于高原的阳光直射，其肤色显得黑里透红透紫。运用常规的中国画用色方法，已无法画下这种现实的感受。

当代的中国人物画，汲取西方用色方法来丰富用色语言，是比较常用的。吴山明汲取光源色，也以感觉为基础，但不对光源色作纯客观的反映，将光源色与固有色巧妙地结合，画面也显得自然协调。中国画写生时汲取一点光源色，使画面增强了现场感与生活感。

《藏族汉子》一幅，很能够说明吴山明的技法比原先“变得更加粗犷了”。

这是一张四尺整张的大画，当时吴山明是直接将纸铺在草地上，弯腰写生而成的。由于以现代浙派秀丽潇洒的笔法很难来表现藏族汉子粗犷凝重的形象，吴山明就特意在用笔上加强了表现的厚度以增强画面的力度。

吴山明大胆地重新组合了能适应自己笔墨特色的构成形式。这中间，有取舍，有强化与减弱，而更多的，则是作者根据对象的造型特征与气质所作的强化。这样处理的结果，就使画面形象更集中、更有张力。留意一下藏族汉子的头部塑造，我们就可看出吴山明对现代浙派的继承以及自己在此方向上的进一步风格探索，也可看出当年的追求与后来宿墨法实践与探索时期的明显不同的艺术风貌。

甘南采风的体验，吴山明自己显然十分珍视。

《吴山明画选》中近一半的作品反映藏族人民形象，就是一个证明。1982年第10期《美术》中，刊出了《浙江中国画选》，发表了顾生岳等5人的作品，吴山明以《甘南一瞥》组画四幅之一的《中学生》入选。上海人民美术出版社1981年出版的《美术丛刊》（第15期），刊登了《吴山明甘南毛笔速写十幅》。

甘南采风时，日夜气温相差很大。白天，所用之墨一晒就容易凝结，晚上又很冷，没有时间收拾笔墨，因此只得第二天用水一浇就开始画。这时候，就自然地出现了某种宿墨的状态。此时的吴山明已隐约感觉到可以对“宿墨”进一步细加钻研。

鲜花与掌声总是容易引人注目，汗水与付出却常会被人忽略。

谈起吴山明带学生写生、赴边疆采风的往事，高晔回忆，七八十年代，由于生活条件差，吴老师每次带学生去工厂、农村等地采风回来，身上都会长虱子。所以他进家门的第一件事，就是让高晔帮着清理衣物。吴山明艺术上的每一点进步，都是付出很多辛劳后才收获的。

回顾这段时间的创作，吴山明说："生活是艺术创作的源泉，而离开了生活，笔墨语言也不可能得到真正意义上的发展。这批画尽管未脱浙派人物画的范围，但已努力尊重自己的生活感受，考虑着在浙派人物画的基础上更进一步去拓展个人的追求，因为在多年的实践中，我发觉要解决的课题虽很多，按照我那时候的修养和积淀，我还是可以有所突破的。"

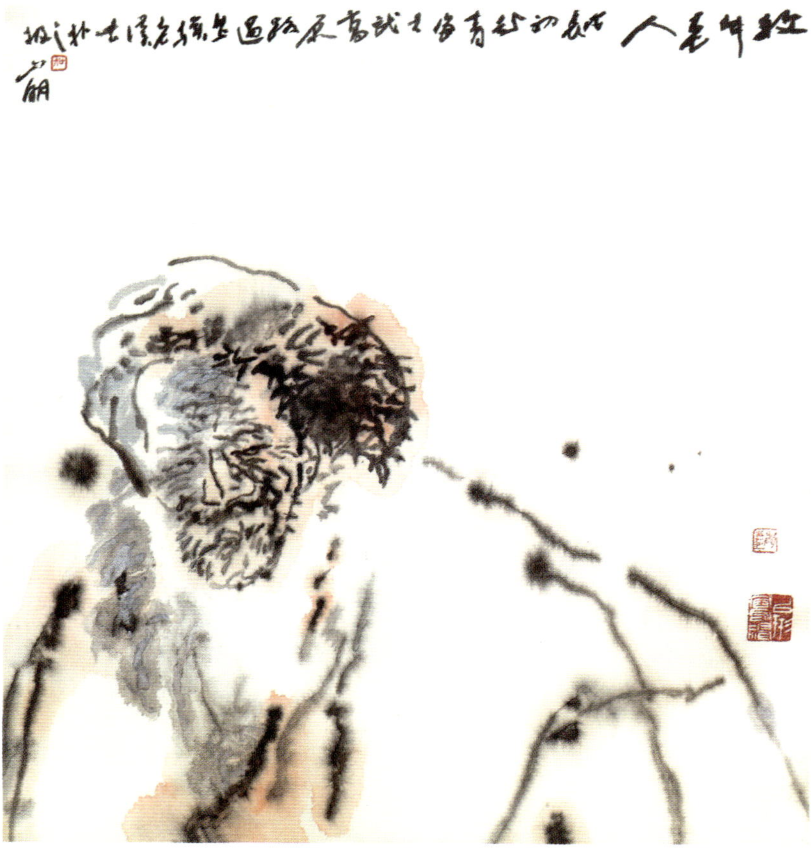

牧牛老人　纸本设色　纵73厘米　横68厘米　1988年

湘西老农　纸本设色　纵68厘米　横65厘米　1980年

女人体（课堂示范之作）　纸本设色　纵100厘米　横67厘米　1986年

藏族老人　纸本设色　纵69厘米　横58厘米　1988年

第五章　壮年变法

吴山明说："以宿墨作画古人与前人有之，黄宾虹先生是用宿墨作画的高手，先生主要取其深沉凝重之感觉以表现其对背阴黄山的感觉。但历史上在人物画之中大量运用宿墨者尚不多，尤其是在主体笔墨中全数用宿墨者更少。其实在打开宿墨的领域后，我渐渐发现其除凝重外还存在可控的晶莹虚灵的一面，审美上有许多有待进一步发掘的东西，如宿墨中的水法、淡宿墨、清宿墨、色宿墨、特殊的水渍美……我喜用淡宿墨，以取其晶莹之特性，并在水法上下功夫，以大水大墨表现大结大化，追求'帖'的灵动，'碑'之凝重，'结'中有'化'，'化'中留'结'的特殊艺术效果，我试图以此为起点，逐步努力将风格推向极致。"

十年磨一剑，吴山明完成了从浙派传统表现方式向"吴家样"淡宿墨风格的成功转变，从而与中国意笔人物画坛的同行们拉开了距离，也为现代浙派人物画的当代发展起到了示范作用。

被阳光融化的少女

20世纪80年代，国家全面改革开放，中国绘画也进入了一个历史上少有的自由宽松的发展期。那些

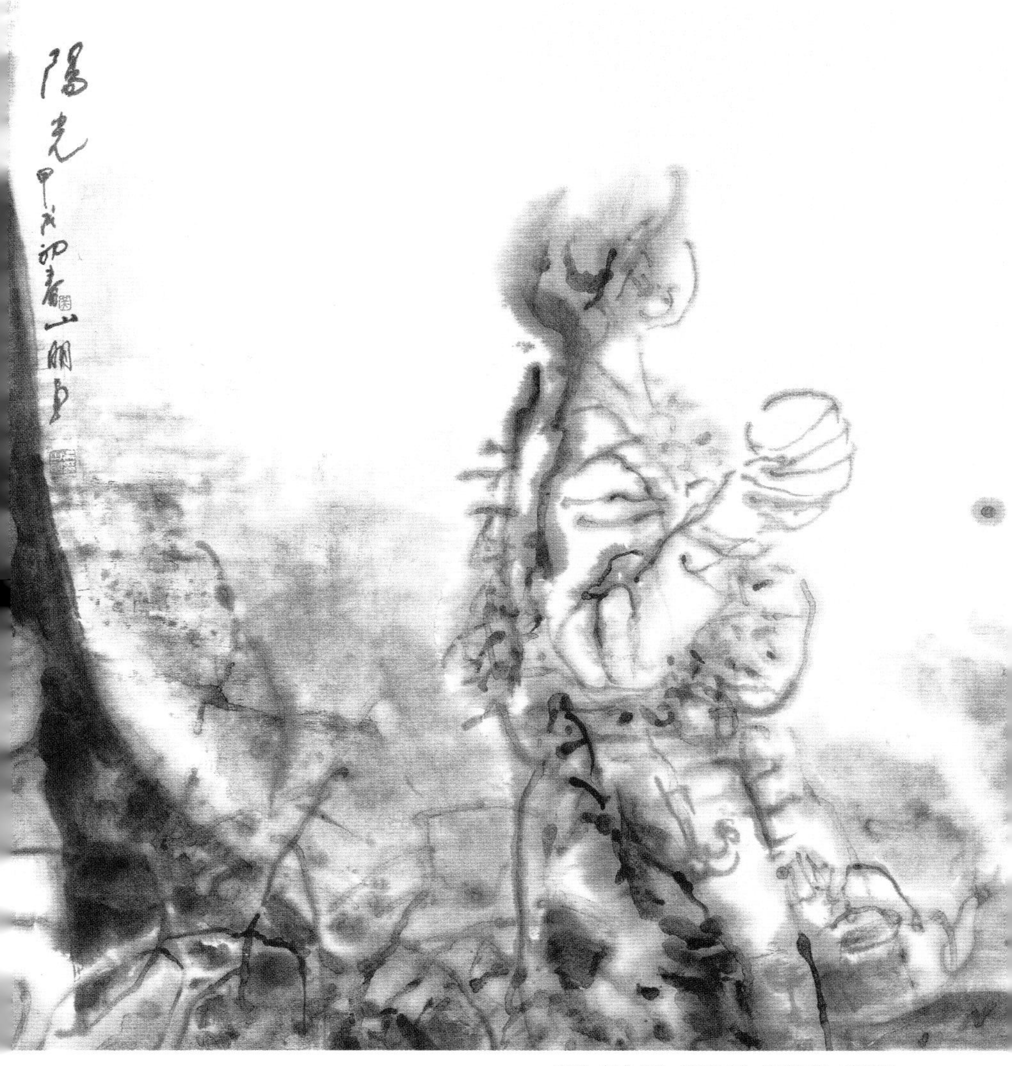

阳光　纸本水墨　纵98厘米　横98厘米　1994年

年，艺术界对传统、对绘画的自身规律以至对外来审美观念、对中西融合的得失等，都进行了比较深刻的反思，大家力求取得新的成绩。中国人物画，特别是意笔人物画，相对于其他传统画种，历史上留下的遗产较为单薄。但也正因如此，历史给中国人物画的发展留下了较大的空间与更多的创新机会。吴山明一直坚信，当代人物画家们大有可为，他自己也在实践中不断摸索。

80年代前后，吴山明已一口气走遍了新疆、甘肃、青海、云南、山东及东北各地。他跑了很多地方，接触到很多事物，内心对绘画的感受与渴望一下子恢复了。好山、好水、好地方，朴实无华的地方风情，历经沧桑的普通民众，带给他无尽的创作激情。这段时间是吴山明绘画的新的苏醒期，他手不离笔，画下了大量毛笔速写与意笔人物写生。

真正让他顿悟的，还是20世纪80年代中期的第二次西北高原之行。

那次，吴山明来到了青海藏族聚居区。一天，他在大草原上小憩，主人的小女儿提着奶茶壶，端着一叠碗从昏暗的帐篷中走出来，热情地为画家们沏茶，由于突然沐浸在强烈的阳光之中，几乎一半的少女身影，瞬间就被直射下来的阳光“融化”了。

湛蓝的天空、广阔无垠的草原，被阳光融化的少女，“她背光的感觉就像是女神一样”，这一幕明艳而神奇的影像，顿时使吴山明产生了一种天人合一的圣洁永恒之感。

轮转　纸本水墨　纵98厘米　横95厘米　1994年

吴山明立即动笔，把砚中残存的宿墨用水一泡，以毛笔在生宣纸上将这稍纵即逝的印象记录下来。令人称奇的是，宿墨在水的冲化下，出现了新奇的线条和奇特的效果，特别是画少女头部时用的淡宿墨，竟产生了晶莹闪烁的光感；而画女孩身子时的宿墨线与块面，又显出屋漏痕味的凝重感。尽管它仅是一幅十分简略的瞬间生活形象的匆忙记录，但偶然得到的笔墨痕迹所产生的这种既苍茫又滋润的特殊美感，使吴山明兴奋不已。

他隐隐感觉到，自己可能找到了与过去很不同的笔墨审美与笔墨语言的创作新状态了。

这幅水墨半侧影作品，吴山明命名为《阳光》。此后他在探索新墨法的时候，这个经历给了他很多的启示。后来吴山明的作品，常会运用宿墨的虚实与新形式的痕迹美，去体现笔墨中的闪烁的光感。

苍茫滋润的新画风

这次经历，让吴山明联想到黄宾虹先生的山水画。黄老用宿墨法、积墨法表现山水的浑厚华滋，若把宿墨移之于人物画，能使其透亮、滋润，这样，人物画会展示出新的拓展空间，并创出属于自己的新画风。

“宿墨”在画史上是指隔夜的墨，因静置已久，墨汁开始离析，部分烟粒有所脱胶，颗粒变大，色泽变暗，减少了光泽感，增加了覆盖力。作为一种墨法， 宋代便已提及宿墨，但并不属主墨。历史上一些

母亲　纸本水墨　纵98厘米　横95厘米　1994年

画家偶尔亦用来丰富墨相，却并没有物尽其用。一直到黄宾虹，才把宿墨列为“七墨”之一，又在山水画中破天荒地开发出宿墨的潜能。

他运用宿墨易沉淀之墨性中的行笔涩厚及水分渗出的意外之趣，绘画出既气韵流动又骨体坚凝的效果，从而为以后的山水画开辟了一片墨法新天地。

几十年的艺术实践与修为，让吴山明深深明白：历史上凡有创造性贡献的画家，总离不开对笔墨形式美的新发现。无论是中国古代的优秀传统，多姿多彩的民间美术和少数民族美术，或是流派纷呈的西方古典美术遗产和现代艺术思潮，都需要我们在新的选择与追求中接受考验，重新加以取舍，并逐渐融合于真正具有创造性价值的艺术实践之中。

青海写生回来以后，吴山明自我闭关一个多月，思考并实践，将部分作品用宿墨办法重新画了一遍。等他满怀希望地将这些宝贝拿出来供人点评时，夫人高晔首先泼了他一大盆冷水。高晔说：“你原来的作品人家很喜欢，何苦画得又黑又脏，感觉不甚可爱。”

一些学生、好友也不太理解。

此刻吴山明心里明白，他似乎看到了那个美好的艺术内核。只是现在一时不被人接受，自己还需创作出更能吸引人的作品。他在心里说：“如果我不改变画风，已经是一个不错的画家，但如果总停留在原来浙派人物画的大格局之中，停留在前辈的风格中不思

无题　纸本水墨　纵67厘米　横66厘米　1987年

朝圣　纸本水墨　纵98厘米　横95厘米　1994年

突破，就对不起各位老师们。”

吴山明继续探索着。他明白，任何审美感觉的产生，都伴随着技巧的改革和探索。一种新的审美感觉的实现，工具、技巧的改革缺一不可。对于绘画工具（笔、墨、纸等），吴山明也在不断探索。宿墨“宿”的程度、状态、效果到底如何？什么宣纸上产生的效果最好？水和墨的分寸如何控制？这些问题一直缠绕着他的整个探索进程。

实践中，他发现，毛笔以含水量充足且富有弹性的羊毫笔较好。各种宣纸对宿墨的反应也都不一样，似乎用皮纸最能出效果。宿墨不够宿不行，太宿也不行，必须到胶的分子跟墨的分子分离到一定程度，又没有完全分离时最易出效果，以脱胶五成到七成者最好，这样出来的墨色十分丰富，渗度与结度都比较理想，最适合人物画。实践让吴山明感到，要用好宿墨，关键是“用水”，宿墨能产生晶莹之感，主要是水的作用，吴山明不断积累着用水的经验，在不断改进、积累、再改进、再积累中越来越有心得了。

在以宿墨作画的实践过程中，吴山明还抛弃了原来的很多好东西：一是原来某些喜爱的用笔方式，特别是枯笔；另一是色彩。

到现在还有很多朋友对吴山明说：你枯笔飞白用得多好，干吗放弃？但吴山明更知道，艺术的变革需要勇气，要抛弃很多东西，甚至一部分原有的优势，为了强化绘画新的语言特色，有时也得忍痛割爱。

后来吴山明还写下了这样一段话："笔墨语言的不断纯化，是风格极化推进的关键，凡是大家，其风格的形成，纯化是必经之路，纯化又是所有大家们创造的风格共同具有的重要艺术特征。纯化过程有排他性，凡艺术品位与层次不同的都应冷静地回避，切不可盲目汲取。纯化的最终追求，应使风格个性特征更鲜明，既具有传统文化的精神，又不带有古人与他人的痕迹，并给风格的个性化在品位上的提高以支撑与保证。"

渐渐地，吴山明在实践中逐渐掌握了驾驭宿墨的方法。追寻水与宿墨的有机结合，以致发乌僵化的宿墨变得活泼了起来。宿墨所形成的线、点、面，借助于水的渗晕作用，产生大结又大化，既凝重又灵动的特殊的艺术效果，呈现出常见的笔墨形式所没有的艺术韵律之趣。因为宿墨具有更多的肌理性、自然性与偶发性，使笔墨从质上产生一些变化，从而使其在一定程度上增添了笔墨的艺术含量，并产生审美上的新意，同时在表现上能够承担更重的负荷。它很适宜意笔简约的表现，因为其中锋用笔之线质厚重而且很有力度，但又经得起反复错叠，能适应深入的塑造需求，并仍能保留趣味特殊的沉淀型、碑拓感的笔痕之美。

终于，吴山明笔下的淡宿墨作品，既具有指画的天趣，又保留笔绘的自由度，古人讲的"屋漏痕""折钗股""锥画沙"等艺术妙境，都在其画笔下自然而然地呈现出来。我们看到，他笔下的线条，宿墨在水分的冲渗下，在宣纸上形成了清晰而稳实的水渍的轮廓，线内部往往近乎自然的留白之趣，似有

强巴　纸本设色　纵68厘米　横55厘米　1986年

光源外射，给人以晶莹闪烁的神秘感。

对于青海之行，吴山明满怀感恩，他这样说：“宿墨我以前也用过，但并没太重视，如没有青海写生的契机，那里的空气、阳光和人物，我也不会更多地联想并将其拓展。所以说，生活有时会对艺术家的风格之变革乃至笔墨形式美改变起到有创意的推进作用。”

吴山明以藏族风情为题材的大量创作，充分表达了他对这片土地的深沉之爱。

目前为止吴山明创作的尺幅最大的作品《香格里拉》（作于2014年春，以12张8尺整张的宣纸连接而成）的题跋上写着：“多年来，余数次与学生和友人结伴赴青海、甘肃高原采风，在玛曲、碌曲、中甸、大武、阿坝、黄南、桑科写生，古老的西北大地之人文，留下多彩和谐印象，生活也启示了我的绘画语言和风格的演进。”

而在2012年时，吴山明就曾创作一幅稍小的长卷《香格里拉》（纵52厘米，横743厘米），这幅长卷的题跋这样写：“上世纪80年代初至2011年夏，我曾约友四赴西北高原采风，从青海、甘肃带回画稿数百，多为水墨写生与毛笔速写及默写。其中两集以《水墨散文》为题出版。雪域鲜活之风情长留心中，并影响个人风格之演进。此次以长卷作图尚属首回。”

吴山明笔下的“香格里拉”，并不仅仅是那个地理上的藏味浓郁的“香格里拉”，而已是他对天、地、人和谐之美的一种心灵的感应与追求。

雪山之鹰　纸本水墨　纵49厘米　横67厘米　1985年

宿墨变法三境界

“被阳光融化的少女引出吴山明的宿墨变法”，这当然只能是事后一种简略化、故事化的表述。

如果回到当时的美术领域，或许我们更能看清这次变法的历史必然性。

吴山明自己这样说，中国写意人物画真正摆脱约束，从迷茫的沉梦中觉醒，是20世纪70年代末80年代初开始的。改革开放的新形势，中西文化的碰撞与交融，重新认识传统文化的时代呼声，都强烈地感染着

骄子　纸本水墨　纵68厘米　横45厘米　1988年

童稚之友　纸本水墨　纵105厘米　横75厘米　1987年

中国画坛，这在意笔人物画领域表现得也很活跃。这时期的意笔人物画线描，在形式上发展很快，几年内便形成了一个生气蓬勃、多元发展的架构。单从线描的形式来看，有的重新向远古绘画汲取养料，有的又从民间和少数民族的绘画中寻求启迪，有的试图从新的视角对文人画进行进一步研究，更多的，是努力从西方绘画中去汲取时代性的营养。

所以，求变，是时代的必然，也是时代的呼唤！

另一方面，走过万水千山、阅遍各族民众的吴山明，不仅锤炼了自己的笔墨技法，而且更深刻地认识到只有寻找到新的传统与时代结合的笔墨语言，才能更好更有内涵地表现出自己对新时代、新生活的贴切感受与情感。

所以，求变，已成为画家自身的自觉追求。

于是，偶然的阳光少女出现了，即兴的灵感即会“指引”画家往宿墨这条路径中深入、再深入。

借用王国维“学问三境界”之说，吴山明的宿墨之途，从80年代中期开始探索到1997年在中国美术馆举办个人画展、淡宿墨作品得到全面认可这十多年间，也可用三阶段或者三境界来概括：过渡期、线描期、成熟期。

过渡期，指浙派墨法与宿墨法兼用；线描期，指几乎全用宿墨线来表现对象；成熟期，已全面运用宿墨的语言与笔法，点、线、面、色全面演进。

艺术创作，其实很难机械地划分为几个阶段，如此分段，只是为了叙述方便罢了。吴山明的三种“境界”，从艺术成就上来看，也并不能简单地看作单线递进式的，过渡期、线描期，同样佳作不断。另外，从时间上看，也不能很严格地做出区分，一般来说，经过较短时间的过渡期后，就进入了线描期，线描时段主要集中于80年代中后期，90年代开始逐渐走向成熟期。

《强巴》（1986年），就是过渡期的画法，作品虽仍可看出原来浙派风格的影子，但由于笔趣的变异，使新画风的强度与用笔的力度得以增强，并使画面产生更大张力。这幅作品中，画家以主观的感觉和人物的结构为依据，进行大胆的勾勒，在用线、用色方面都进行了强化。有意思的是，画家运用能凝结的宿墨与比较厚重的色彩，使画面产生了一种浑朴凝重的格调。原来，“灵动秀雅”是浙派人物画的用笔特

初雪　纸本水墨　纵98厘米　横95厘米　1994年

色，这种特色与宿墨一糅合，笔趣就产生了新变化，变得更为强烈，耳目一新。

《雪山之鹰》（1985年）也是过渡期的典型画法。这是一张宿墨湿笔与浙派枯笔混用的作品。作者以湿笔为主，利用其润化而成的水迹，细心地用枯笔在形体关键部位加以皴擦与勾勒，这样既能深入地表现对象，又能使画面显得严谨而生动自然。由于枯笔与湿笔在艺术感觉上距离较大，为使之协调而浑然一体，画家运用“拖泥带水法”一气呵成，让两种笔触在错叠渗化的过程中自然交融。

吴山明说：“一种新的艺术观念的追求，在相当长的时间里，因审美上的不成熟，会在探索中产生趣味上的交错与语言上的杂化，以及受原本的作画惯性的影响，而在较长的时间里处于徘徊状态之中，甚至反反复复举步维艰。当然，风格的个性化的形成，一般应是一个自然的渐变式的过程，期间，艺术修养要不断地积淀，以使发展不会因基础的不足而陷入困境，任何的浮躁与急于求成的念头都应排除。同时，对风格的极化追求还需胆魄，既要敢于想象又要敢于实践，不怕挫折与失败，有时甚至要有点‘自以为是’乃至‘目中无人’的心态，以增强不断进取的自信心。”

这一段话，可以帮助我们更好地理解他中年变法的心曲。

《轿子》（1988年）则是线描期的典型画法。这是画家在藏族聚居区采风时捕捉到的生活瞬间。母亲对她的宝贝儿子爱意满满，让儿子坐在肩上，向来

备茶　纸本水墨　纵98厘米　横95厘米　1995年

访者展示。吴山明十分高妙地抓取了这个瞬间，生动地表现了那份母爱。这幅作品，画面具有雕塑感，有意识地抬高的儿子与处于低位的母亲，使画面构成了稳定的三角形构图。同时，它的表现手法又是如此简洁，纯粹用宿墨线勾勒而成，水与墨同时自然从笔端淌出线条，又有意往孩子方向流动，从而使母子俩从形到神都有机地交融在一起。画面不见一个“点”，也没有展示一个“面”，但却给人留下以少胜多的无尽意味。

《童稚之友》（1987年）也是线描期的佳制。整个画面十分注重线的组合的回旋，气贯而有节奏，画面线的流动像一条环村而流的清澈小溪，纯净可人。画家作画时，几乎是一口气顺利地完成作品，以最概括也是最自然的线，勾画出这幅成功之作。

经历“过渡期”，走过“线描期”，自然迎来了“成熟期”。此后吴山明黄金20年的作品，一次次地震撼着中国画坛。

追求平淡中出奇

吴山明《砚边杂记》中说：“对艺术家来说，最自然的状态应是艺术追求的最佳与最高境界；最平凡的生活中则寓藏着最深刻和最永久的主题。”

他这样解释，绘画的选题、意境、风格和笔墨等方面，自己都追求自然，喜欢画平常人与平常事，一直试图从平常的人与事中发掘人生的更多的意义、人物的风采与民族的品格。他认为，最感人的东西往往是寓于人物最平常和最自然状态之中的。人们所称的优秀品格，一般都具有自然和持久的特性，也因此能引起人们心灵上深远的共鸣。虽然捕捉这种处于自然状态又能感人的瞬间形象比较困难，然而如果成功了，它所产生的情感上的联想就会很丰富。“我也画过一些大的题材，就我个人的喜好来说，更追求自然、质朴的东西，追求生活中见到的美的东西。就像做人，人们最感动的是平凡人做出了不平凡的事。平凡人一辈子默默地坚持做着有意义的事，这是最感人的。”

这段创作感悟，可作为解读吴山明作品艺术奥秘的一把钥匙。

《初雪》，是吴山明的代表作之一。画面上是两位侧身前行的高原姑娘，她们身躯微微前倾，让人知道是在缓缓前行。几乎没画什么背景，只有一些淡淡的清宿墨斑点，仿佛高原的雪也是缓缓而下的。画面上部几笔淡墨，让人想到可能是远处滚滚而来的乌云。初雪来临之际，高原的女儿仍然平和、美丽、从容，她们恬淡地面对一切，自然环境的恶劣，只能更加证明她们的美丽与坚强……

吴山明说，《初雪》的素材来源于一次藏族聚居区采风。经过几天相处，画家与当地居民成了好朋友。那天，当吴山明他们离开当地居民的帐篷赶往另一地时，两位姑娘就一直送呀送，等到画家上了吉普车后，因车子只能像在海浪中一颠一颠地缓慢而行，她们就手扶着汽车，仍然一直送一直送。这两位姑娘，都有强烈的“汉族情结”，她们的父亲是汉族知青，当年选择留在了那里成家立业，现在见到了汉族画家，感觉特别亲切。送着送着，突然下起了小雪，吴山明他们劝姑娘赶紧回去，她们却并不在乎，仍要继续送行。在画家的眼里，高原的生活条件相当恶劣，却没想到她们过得如此恬静，如此安详，她们面对自然环境的那种“习惯性的不在乎”，猛烈地撞击着吴山明的心灵，这一瞬间，一位大男子，被她们随意中展现出的坚强与平和彻底折服了。

《备茶》也是因感动而创作的。那次，吴山明他们在一户人家闲聊。这户人家的女儿，不停地在帐篷内忙碌，煮水、沏茶，不断地为客人续水。帐篷内，水汽和着烟雾，姑娘变得朦朦胧胧起来。这一刻，深深地感动了吴山明，就像那位被阳光融化的姑娘一样，也给了他创作的灵感。

《岁月》，画的是水乡，也是平淡中出奇的作品。画面上，一位老农坐在古桥上，这在水乡很常见、很普通。吴山明说，当时看到这个情景，他马上联想到，老人也许年年月月都在卖了鱼、卖了菜之后，会这样闲坐片刻，就这样，他在这座小桥上也许已坐了几十年，看到并经历了水乡的沧桑变迁。这样一想，这个“水乡常景”就不简单了，它蕴含的人生况味显得无比丰腴。

创作关于名人的作品时，吴山明追求的仍是平淡之永恒。

构思画《孺子牛》（徐悲鸿像）时，吴山明读到一篇文章，说徐悲鸿喜欢在学生们走出教室后，一个人默默地在教室里审视他们的作品。吴山明深知作为教师的责任与心理，从中体会到了徐悲鸿对学生既平常又深切的关爱，对教育事业满腔的热忱，于是他就选择了这个场景，画了一个徐悲鸿背侧的身影，让他默默地站着面对学生们的十余幅写生作品。

“重返单纯”画展中引起轰动效应的“世纪英华”系列，在吴山明的淡墨笔下熠熠生辉，很多也是因平凡而感人的。

吴山明说，他画的这些精英人物，有的是平时大家不太常见的形象。

例如《陈寅恪先生》，陈寅恪是抱着孩子的。这位大学者，右手持书并环抱着孩子，左手轻抚孩子的腹部，低头慈爱地望着孩子。“怜子如何不丈夫”，鲁迅先生的这句话，此时倒成了《陈寅恪先生》的解说词。

鲁迅的肖像，出现在《周家三兄弟》之中。周树人（鲁迅）、周作人、周建人三兄弟，老二周作人常被主流排斥在外，吴山明则把他们画在了一起。作品中，老大鲁迅居中，左为周建人，右为周作人。背景为周家北京住宅，枝叶掩映，绿意盎然。也许，吴山明想说，家园，是我们共同的，亲情，是无法割断的。

中西艺术相比，西方更多“主题创作”，作品往往宏大而撼人。东方艺术，特别是中国绘画，因为“文人画”风行上千年，产生了很多随性随意的“抒情小品”。

在吴山明的艺术实践中，有不少“主题创作”，然而，他特别擅长抓取伟人们平常的一面，表现之，演绎之，提炼之。一句话，哪怕在“主题创作”时，他仍然追求“自然、质朴的东西”，追求平淡中出奇的艺术效果。

孺子牛　纸本水墨（入选全国美展优秀作品展）

建党60周年前夕，吴山明创作了《延安五老》（作者注：1937年1月至1947年3月，中共中央驻于延安时，董必武、林伯渠、徐特立、谢觉哉、吴玉章五位老同志被尊称为“延安五老”）。他这样说，“延安五老”，有的参加过同盟会，有的是中共第一次党代会的元老，乃至毛泽东的师辈，但他们都淡泊于名利，新中国成立后都没有身居高位，而是默默地为建设新中国做着自己熟悉的工作，体现出真正的共产党员普通而又崇高的情怀。

当年吴山明在画初稿时，美院老院长莫朴先生恰好看到了，对吴山明的创作构思很满意。吴山明就问这位延安来的老革命，当年毛主席的“实事求是”写在哪里，莫先生回答是在延安党校大礼堂的照壁上。于是，吴山明就以照壁书法为背景，衬托出了五老。画面中，董必武、林伯渠等人自然地聚集在照壁前，似乎他们刚刚迈出党校礼堂，还在那儿边走边商谈工作。

后来，《延安五老》入选了建党60周年全国美展。

吴山明主创的《孙中山海宁观潮》与《遵义之春》，分别列入了“浙江省美术重点历史画项目”与“国家历史画重点项目”，面对“重点项目”，吴山明仍然可贵地坚守着自己的这种创作理念。

《孙中山海宁观潮》这个选题，吴山明这样解释，在孙中山视察浙江的活动中，海宁观潮可能是最个人化的，同时，波涛汹涌的钱江潮，又能吻合孙中山为建立民主中国奋斗的一生。

《遵义之春》的场景选择新颖独特。按常规思维，人们一提到遵义会议，首先想到的就是一个大会议室，然后很多人围着开会，显得常规而严肃。吴山明却举重若轻，别出心裁地表现了众人开完会后走出会议室的那一刻，画面更显新颖、自然。

吴山明说，我们可以试想一下，在会议胜利闭幕后，众人都是怀着怎样的心情走出会场的。之前经过的风风雨雨，此刻都化成了革命必胜的信念，仿佛春回大地，万物复苏，这也和遵义会议在初春三月举行这一时节相吻合。另外，遵义会议开完后正值凌晨，在诸位领导人周围，霜雪泛白，一片白净净的天地，又暗喻了革命的黎明即将到来……

晨炊　纸本水墨　纵96厘米　横98厘米　2002年

岁月　纸本水墨　纵102厘米　横96厘米　1996年

第六章　三上北京

“壮年变法”之后的20年，吴山明三上北京，两次个展，一次集体亮相。

中国美术家协会主席刘大为曾经说过：“像吴山明这样的画，看原作跟印刷品大不一样。”

“大不一样”，是因为吴山明的作品，淡宿墨自如地在宣纸上游走、喧哗、沉思、表达，水墨淋漓的画面，记录下画家最幽微的艺术慧心。面对原作，那些奇妙的墨韵笔情，那些耐人寻味的笔触，那些细微丰富的变化，那些点线面之间灵动的呼应与恬淡的和谐，很容易让人深深地沉醉。

北京首展

首都北京，藏龙卧虎之地。吴山明从80年代中后期开始全心投入探索钻研宿墨画法，十年磨剑，喜结硕果。此前，他的宿墨作品已多有发表，且在杭州等地做过一些小型展，专业界与社会上已很关注。如今首次赴京展示，吴山明自信、期待的同时，却也有一丝隐隐的担忧。

1997年3月18日至23日，由中国美术学院、中国美术家协会等联合主办的“吴山明意笔人物画展”，正式在中国美术馆与大家见面。老师方增先特意为这位得意门生写了“画展前言”，其中这样说：“中国画水墨

2009年，吴山明创作国家重点项目

1997年北京画展后吴山明与参加研讨会的著名画家、理论家在中国美术馆合影

往往是一种灵性的表达。吴山明的画，不但抓住了这一重要环节，而且充分发挥了他在这一方面的优势。当60年代初，浙派人物画已基本形成，并拓展到全国各地的时候，中国美院前身浙江美院也同时以新的教学体系，培养了一批人才，吴山明就是其中的佼佼者……我相信他这次在京的个展一定会获得圆满成功。”

画展展出了80余幅作品，内容分“藏区风情”“水乡纪事”“国画人物习作”“毛笔速写”等，人们可以从中看出吴山明人物画发展的历史轨迹。恰如老师的祝福与希冀一样，这次北京展十分成功。

《美术》、《人民日报》、新华社等权威报刊媒体都刊登了吴山明北京画展的消息；《造化为师》（黄宾虹像）、《一览众山小》（潘天寿像）等5件作品同时被中国美术馆收藏，其中《造化为师》（黄宾

与华君武、肖锋、张立辰、姜宝林等先生在北京合影

与马凯、徐匡迪等嘉宾在北京合影

虹像）还入选中国美术馆收藏百年精品展。

画展当中举行的“吴山明作品学术研讨会”盛况空前，也可以证明当年的“热度”。著名画家、理论家刘勃舒、卢沉、姚有多、刘大为、邵大箴、张立辰、杨力舟等50余人参加了研讨会，会议从上午10时开始，由于讨论热烈，午饭时间一再推迟，至下午一时半，研讨才结束。大家对吴山明的作品给予了很高评价，并将他的宿墨探索放在了中国现代人物画发展的大背景上来讨论。

中国画研究院院长刘勃舒说：“这个展览非常重要，给北京带来了一股清新的风。”

中国美术家协会主席刘大为说：“这次看吴山明的画，典型的浙派的画，跟北方的人物画距离、反差非常大，把浙派人物画风格又推向一个极致，纯粹用墨、用水、用线、用墨韵墨趣来表现人物画，吴山明先生发挥得非常充分，在浙派人物画基础上又有自己的创造，给人一种清新的感觉。”

中国美术馆馆长杨力舟说：“吴山明在刻画人物方面的基本功已经到了以神写形，形从属于神，

草原无垠　纸本水墨　纵98厘米　横95厘米　1995年

形顺从于笔墨，笔墨臻于形神，达到了高度和谐统一的地步，传神写照，意趣横生，其境界之高妙者全在于此。”

中央美术学院教授、博士生导师邵大箴说：“吴山明的人物画不只是他的本体、语言、形式，还是整体形象，他的人物画一下子与当今的画坛拉开了很大距离，这是他的差异性。”

著名画家王迎春说：“我看了吴山明老师的画，首先就感觉到他在中国画发展史上，中国人物画发展史上，他的价值，他的地位是已确定了的。对一个画家来说，打井一定要打得深，一直到打出油来，才算你有成就。我觉得吴山明老师打井打得够深了，就单在笔墨这个方面，他已经是打出油来了。这一点我认为是吴山明老师的贡献。另外从笔墨来说，他已经有独立的审美价值，这也是他对当代美术史的一个贡献。”

著名美术评论家郎绍君说：“吴山明现在的画，我觉得应该是原来以方增先、李震坚、周昌谷为代表的那个新浙派的一个结束，就是以吴山明作为一个标志，新浙派实际上是进入了一个新阶段。我觉得吴山明标志着新浙派的一个新阶段。”

这些专家特别是同行真诚而热烈的高度评价，让吴山明很欣慰，也深受感动。他说：“往往人物画家评论人物作品是比较直白的，他们能够这样真诚地说，我是很感动的。”

回溯北京展之前对吴山明宿墨作品做出高屋建瓴的评论，不应忘记冯远先生颇具分量的论文。

1993年第2期《美术》，发表了冯远（现任中央文史研究馆副馆长、中国文联副主席）撰写的《回到单纯——吴山明近作艺术风格谈》。冯远是方增先的研究生、吴山明的师弟，因为对现代浙派的发展熟稔于心，才让他较早地洞穿了吴山明宿墨作品的艺术秘密。显然，吴山明也十分心仪此作，因而他的第三次进京展，就直接命名为“重返单纯”。

冯远写道，早年科学严谨的造型训练和近年来学养的不断提高使吴山明将重实、重理性把握与中国艺术传统重心、重感悟把握的特质，有效地调和在一起。走向单纯是吴山明近年来艺术创作的显著特色。从当代中国文化大背景上说，这是出自中国伟大的传统文化的继承和发展。从艺术家个人创作实践道路上说，则是对返璞归真境界的追求。

再上北京

5年之后，吴山明又有一次北京之行。这次不是单枪匹马，而是浙江画家组团而去。

那一年，全国政协策划组织了“当代国画优秀作品晋京展”系列活动，由于现代浙派在国画界无可争议的学术地位，“浙江当代国画优秀作品展”成了系列画展的首展。

2002年7月10日，北京全国政协礼堂举办的“当代国画优秀作品展首展——浙江当代国画优秀作品展”开展，集中展示了浙江当代国画创作既注重继承传统、体现中国画的民族风格，又适应时代变迁、努力

古寺老僧　纸本水墨　纵102厘米　横94厘米　1995年

知白守黑　纸本水墨　纵102厘米　横94厘米　1995年

2014年吴山明在北京画展上与靳尚谊、潘云鹤、刘勃舒、潘公凯等嘉宾合影

开拓新境界的整体风貌。参加展览的10位画家为：舒传曦、徐启雄、卢坤峰、曾宓、童中焘、刘国辉、吴山明、姜宝林、卓鹤君、陈向迅（按年龄排序）。

时任中共中央政治局常委、全国政协主席的李瑞环出席展览开幕式并作了讲话。

这次展览，让吴山明印象深刻的还有老学长吴冠中的评价。

当年，吴冠中因提出“笔墨等于零”，引起美术界一场旷日持久的辩论。这位早年毕业于国立艺专的老学长目光犀利，个性耿直，不畏直言，平时极少参加画展等活动。

这次，母校的学弟们来京展览，吴冠中竟然在预展时就与参展画家们一起观看，之后还兴奋地说：“你们的笔墨就不等于零，因为你们的笔墨已不同于过去的了。每人有自己的面貌与感情。”

2014年在浙江省美术馆举办“重返单纯”画展时与夏宝龙、赵一德、葛慧君、钱晓芳等嘉宾合影

对于这位老学长，吴山明有很深的理解。他说：“吴冠中是在吸取中国传统绘画中的一些精神性的东西，而具体技法他没有更多地去接受，但他的作品，整个气息都是东方的。他一辈子的绘画，基本没有脱离生活，哪怕是抽象的，他都是有生活感觉的。用他自己的话来说，就是‘风筝不断线’。”

对生活的生动性、鲜明性的艺术把握与巧妙提炼，也是吴山明作品的一个基本立足点。正是在对待生活的态度上，他与这位老学长心中是很有默契的。

重返单纯

2014年，吴山明特别忙碌充实的一年。

“重返单纯——吴山明执教五十年从艺六十年中国画艺术展”先后在北京、浙江杭州及浦江展出，每

香格里拉　纸本设色　纵248厘米　横1488厘米　2014年

一次，都刮起一阵艺术的飙风，让人振奋，让人陶醉。

5月31日至6月7日，由中国文联、中国美协、中国美术馆、中国美术学院、浙江省委宣传部主办的“重返单纯——吴山明执教五十年从艺六十年中国画艺术大展”在北京中国美术馆亮相。

多位全国人大、全国政协领导亲临展厅，给予热情褒扬。中国美协主席刘大为、中国美术馆馆长范迪安、中国美术学院院长许江、中央美术学院院长潘公凯、中国美术学院老院长肖峰、浙江省委宣传部领导都到会致辞。全国美协老主席靳尚谊、国家画院老院长刘勃舒等北京与全国各地的书画同行济济一堂，盛况空前。

“执教五十年”，指他从1964年毕业留校至2014年仍未退休，成为美院难得的连续半个世纪站在讲坛上的教授；“从艺六十年”，是从他1955年考入中央美术学院华东分院附中开始算起，如果算上小时候的绘画启蒙，则“从艺”时间还要更长。

这是一次带有回顾性的学术大展，从20世纪50年代的创作写生到新创作的鸿篇巨制，全面展示了吴山明从艺60年以来的艺术历程和心路历程。展览包括50至80年

代初吴山明学习实践现代浙派人物画法的代表作品、意笔线描、鲜墨向宿墨过渡期的作品，以及20多年来将艺术语言不断推向极致的宿墨力作。从展览中，我们可以直观感知吴山明从早期坚实的造型技巧和高超的写生能力，到80年代中后期大胆的笔墨实验和绘画创新，再到20多年笔精墨妙、简淡自然的单纯境界的艺术进程。

展览占据了中国美术馆中央圆厅和相连的两个侧厅，中央圆厅以新近创作的作品为主。最引人注目的，就是那张为中国美术馆圆厅量身定制的长达16米的巨幅《香格里拉》，它占据了展厅正中的位置。

“香格里拉”，是吴山明最钟爱的边疆人物题材。此作花去他3个多月的时间。如此巨幅作品，给人的感觉仍是气息畅通，一气呵成。欣赏此作，我们仿佛有了一次藏族聚居区的远足：吉祥温馨的一家人，壮硕年轻的父亲让儿子坐在肩头；老奶奶虔诚地转着转经筒，她是在为旁边的儿媳与小孙孙祈福吧；顽皮的小孩，与爱犬永远是最好的朋友；美丽的姑娘结伴而行，俏丽而平和，等待着她们的，该是多么美好的

香格里拉（局部） 2014年

未来啊……男女老少，每个人的表情，都那么生动；每个人的眼神，都那么清纯；每个人的姿态，都那么平和。

虽然在后来的几十年里，吴山明常去边疆采风，可他记忆中的“香格里拉”，似乎永远是30年前最美丽、最纯洁、最祥和的样子。

“当时的边疆更加原生态，有更多自然和感人的元素。”吴山明说，“还能看到孩子牵牛，父亲在耕地。我们随地而坐，就有人过来招待，拿出最好的东西款待我们，家里的鸡蛋全都拿来烧给我们吃。”

那时候的淳朴民风和边塞风光，深深印在了年轻吴山明的脑海，在以后数十年的创作生涯里反复地涌现。

“重返单纯”，吴山明坦言是自己一直在追求的，是包括题材、主题、人物形象的选择，从越来越宽到逐渐专精的进程。

此次画展安排了三场大型研讨会，理论家、画家、学生与学子分别进行研讨。研讨会安排在正式开展前的5月30日下午与开幕后的第一个下午，主题分别为“吴山明与当代中国画”“吴山明艺术与创作”“吴山明与中国画教学”。

著名美术史学家、中央美术学院教授薛永年和《美术》杂志执行主编尚辉一起主持了理论研讨会，且都作了有高度有热度的发言。

薛永年说，20世纪以来，中国人物画有了划时代的发展，吴山明就是这个时代中国人物画的突出代表之一。他的人物画创作总是在品味生活中发现，在回味生活中升华，在拉开距离中表现美，不仅描写了不同人物的精神面貌，而且把回味无穷的审美感情投射到天人合一的宁静、含蓄、光明、悠远的境界中去。吴山明在浓宿墨基础上研发出来的淡宿墨，可谓是中国画的一大贡献。他的回归单纯，我理解就是用最简约而纯化的语言，来表达最纯粹而丰富的内涵。

尚辉说，现代水墨强调水墨自动性，强调水墨自动的渗化，毫无疑问，如果要说今天水墨人物画探索的高度的话，没有超过吴山明先生的。吴山明所开拓的宿墨加上造型的水墨人物画，为中国人物画笔墨语言另辟了一个新空间，这是当代没有人能够替代的。

中央美术学院中国画学院院长唐勇力和中国美术学院中国画与书法艺术学院院长尉晓榕主持了第二场研讨会。中国美院博导、“重返单纯”画展总策展人之一高士明主持了第三场研讨会。《美术报》全文刊登了研讨会发言。

结束北京的旅程后，这个展览回到杭州，6月19日至7月2日，在浙江美术馆中央大厅和大家见面了。

开幕式现场，水泄不通，仿佛是哪位影视明星的出场。

期间，吴山明向中国美术学院捐赠了15件力作，表达了自己对美院的深深感念之情。

这一天对于吴山明来说，是个很特别的日子，很重要的一个原因，就是93岁高龄的著名画家陈佩秋，专程从上海赶来捧场。73岁的吴山明就像小学生见到自己喜欢的老师那样，欣喜之情溢于言表：“以我现在的年纪，还能见到老师级的前辈来观展，是我的荣幸，也是画坛的幸事。”

6月19日上午，吴山明和陈佩秋进行了一场“艺术与教育对谈”，中国美术学院教授毛建波、吴宪生、高士明等作为嘉宾一起亮相。高潮出现在讲座接近尾声时，“老师级的前辈”陈佩秋的一段话：“看了吴山明最近的人物画册，我发现，艺术上他算是过关了。”台下响起一片掌声和笑声，陈佩秋中气十足地继续说：“这绝不是件简单事，近现代大师中，能‘达标’的只是少数。”

对谈结束后，吴山明打开随身携带的自制宿墨，要为陈佩秋的孙女画一张水墨速写。虽然环境嘈杂，闪光灯频频闪烁，吴山明仿佛进入了自由王国，线条飘逸不羁，结构张弛有度，速写画成，不过短短一刻钟。现场观众大饱眼福。

11月28日，2014年浦江第七届中国书画节盛大启幕，亮点纷呈。有中国美协主办的“万年浦江——2014全国中国画作品展”，有“同筑中国梦，共绘浦江韵——中国文联、中国美协‘送欢乐，下基层’浦江行名家采风作品展”。

在山明美术院开展的“重返单纯”画展，当然也是此次书画节的亮点之一。

跟北京展、杭州展相比，这次可谓“袖珍版”。不过也极有特点，此次共分3个展厅展出，分别是人物、山水、花鸟，全方位展示了吴山明近年来在中国画领域的探索。

说起1997年与2014年两次北京展的区别，吴山明这样说，1997年时以中型作品为主，组合型的比较少，2014年，则有很多大型、组合型的作品。他进一步解释，近些年的作品，除淡宿墨法外，经常结合积墨法，这样能够塑造较多人物，可以画大题材。宿墨和积墨结合后，其痕迹可以非常深入地塑造对象。宿墨有个特点，就是很淡的清墨，都可以造型并产生韵味。

另外，“重返单纯”北京展还展出了他的花鸟画，杭州与浦江展则展示了其山水作品，说明他已将宿墨画法进行了全方位的拓展。

2015年，“重返单纯”有了续篇。

6月6日，由省文化厅、省文联、金华市政府等主办的“重返单纯——吴山明、高晔书画作品展”在金华书画院开幕。这是吴山明夫妇继1998年在金华举办“夫妻展”后，再次回家乡办展。

本次展览的最大亮点，是推出了高晔最新创作的“仙草系列”。在她的画笔下，“石斛”这种此前极少入画的药草，显得雅致苍翠，别有风情。

可以说，这次夫妻展，既是艺术的展示，也是吴山明夫妇美好姻缘的见证。

第七章　桃李满园

说到吴山明，大家首先想到是一位著名画家，他却说，自己首先是一位美院的老师，一位从1964年留校任教至今没有退休的老师，一位在三尺讲台上一站就是半个多世纪的老师。

20世纪90年代与学生尉晓榕博士、胡寿荣博士在一起

美院教学大纲的“吴氏印记”

现代浙派是学院体系中培育出的艺术之花。说到吴山明，大家首先想到是一位著名画家，他却说，自己首先是一位美院的老师，一位从1964年留校任教至今没有退休的老师，一位在三尺讲台上一站就是半个多世纪的老师。

课堂写生教学

1979年，吴山明出任美院国画系人物画教研组组长，从此走上了国画系“领导岗位”。此后，历任国画系副主任、主任，学院造型艺术学部主任。在此期间，他两次参与了全国中国画教学讨论会的主办，参与和主持了两次教学大纲的修订，全面总结了潘天寿先生的分科教学方案实施多年以来的经验，这些教学大纲现在仍在继续使用。1985年，美院中国画系正式将“意笔线描”课列入教学大纲，并由他执笔编写相应教材。由于吴山明坚持深入传统不

生计　纸本水墨　纵98厘米　横60厘米　1996年　中国美术馆藏

动摇，时任中国美院院长的潘公凯称赞当年作为系主任的吴山明："吴老师做的最难得的事，就是以不变应万变。"

老师方增先曾经这样褒奖学生的教学成果：

"吴山明一直是中国画系主要人物画教师之一，他在教学中努力贯彻潘天寿先生关于重基础、重传统、重修养的治学原则，准确地把握住人物画发展的脉络，坚持维护中国画的传统性和民族性，结合教学实践和社会实践，在绘画技法和理论研究方面进行长期的艰苦探索，并做出积极贡献。山明出版的画册和教材颇丰。他80至90年代创作了大批的意笔和线描人物以及水墨人物画作品，从中我们可以看出他在审美视觉上的变化，对人格精神深层次表达的追求，导致他笔墨语汇的创新与变革和个人风格的一次较大突破，成为同代人物画家中最具有代表性的人物之一。"

他的学生、时任美院中国画系主任的尉晓榕在"重返单纯"（浦江展）开幕式致辞时说："吴山明

香格里拉采风　纸本水墨　纵20厘米　横28厘米　11幅　2007年

老师提倡的‘意笔线描’课程，如今仍是美院最实用的教学方法。”

一位是老师，一位是学生，他们的评价勾勒出了吴山明50年教学的主要成就。

学院育才的最大特点，就是其系统性、规范性、基础性，而教学大纲，正是现代学院育才的最实用的工具与凭借。吴山明当老师、当系领导时展露出的非凡智慧与才情，让美院国画系的教学大纲打上了深深的“吴氏印记”。

吴山明两次参与了全国中国画教学讨论会的主办，一次是1985年，一次是1993年。他任系主任期间，参与和主持了两次教学大纲的修订，一次是1991年，一次是1993年。

1985年11月，受文化部、教育部委托，学院主办了“全国高等艺术院校中国画教学座谈会”，这是“文革”后第一次全面系统的中国画教学研讨。会议由宋忠元、顾生岳主持，时任国画系副主任的吴山明

西北采风　纸本水墨　纵29厘米　横39.5厘米　2007年

西北采风　纸本水墨　纵29厘米　横39.5厘米　2007年

在会上作了重点发言，与大家分享了艺术理念、教学方法等。会后，学院吸纳各方意见，确立了完善的中国画教学大纲课程体系，为全国中国画的专业教育奠定了坚实基础。学院中国画系也以此次会议为契机，进行了各专业教学大纲的全面修订，由于是全国首次推出的体系完整的中国画教学大纲，因此反响很大。而吴山明提出开设的“意笔线描”课从1979年开始在七七级学生中教学实验，1985年国画系将之正式纳入教学大纲，由吴山明撰写大纲，并与吴永良、周昌米等一起进行全面教学。

1991年，由系主任吴山明主持，对1985年版的中国画系教学大纲进行修订，他亲自撰写了人物科大

1999年中国美术学院研究生主干班在浦江采风

纲。此次修订，最大的特点是增补了副课与选修课的教学大纲。

吴山明当选第八届全国人大代表后，应肖峰院长的嘱咐，特将“浙江美术学院”改为“中国美术学院”的提案提交全国人大，得到代表与上级有关部门之支持。1993年，学院更名为中国美术学院。同时，文化部又一次委托中国美院主办全国中国画教学讨论会。

对于中国美院中国画系的“教学大纲”，一向谦逊的吴山明说过这样“自负”的话：“我们的教学大纲一直在全国的美术教育方面起着一定的影响。人家对我们的教学大纲还是很尊重的，也很愿意从里面吸取优点，并且经常看看我们在做什么。”

吐鲁番人　速写　1996年

帐内　速写　1996年

骄女　纸本水墨　纵20厘米　横30厘米　2007年

玛曲来的姐妹　纸本水墨　纵20厘米　横30厘米　2007年

作为一位资深教育者，吴山明为“教学大纲”倾注了大量心血。同时，他还特别重视对青年优秀教师的培养，在他看来，一位青年教师应是一个火炬，能够从旁照亮莘莘学子的艺术之路。

2000年开始，中国美院在全国率先招收中国画“实践类理论博士研究生”，目的是培养新时代的学者型画家。

为培养好“博士研究生”，学院成立了全明星阵容的博士指导小组，吴山明是四位博导之一。经过四年的潜心攻读，首批博士生们都交出了满意的答卷。如今，这六位全国首批中国画博士生，都已像当年的导师一样成了美术界的明星，不论创作还是教学，都取得了令人瞩目的成绩。

作为一位教育者，吴山明能破能立，不仅传承了师辈的教育精髓，还在教学实践中提出实验与设立“意笔线描”课。

在美院的意笔画教学中，原先一直以“工笔白描”作为意笔线描训练的基础。“工笔白描”与意笔专业课对线的审美形式存在客观上的脱节与差异，将其作为意笔线描的最主要的基础训练课缺乏科学性。1979年，他与周昌米在七七级人物班开设长单元的“意笔人物线描课”的实验性教学，该班学生尉晓榕、程谷青、池沙鸿等人画出了一批优秀的课堂习作，至今仍为中国画之优质示范画，在教学中发

早春　速写　1987年

速写作品

高原小学女教师　速写　1996年

昆仑山小娃　纸本水墨　纵20厘米　横30厘米　2007年

青海记行一（局部）　纸本水墨　纵19.5厘米　横27.5厘米　2007年

2014年4月，于云溪竹径写生

挥了作用。20世纪80年代初，他们正式在美院人物教研组会议上提出，在工笔线描和水墨写生之间应加一门“意笔线描”写生的课程，得到中国画系领导的支持，他们与吴永良从此担纲该课教学，在教学中继续大胆进行实践，取得了成果。

吴山明为此执笔撰写了“意笔线描”课程的教学大纲，从理论上全面论述了“工笔白描不能替代意笔线描的基础训练”，并指出“意笔线描是意笔中国人物画的基础”，对意笔线描形式的探索和创新取得了突破性的进展。后来，“意笔线描”得到了美术院校的广泛关注，丰富了我国的美术教学体系。

吴山明自己，则在80年代中后期，又将“意笔线描”与探索宿墨画法结合在一起。他将宿墨运用于意笔线描之中，尽可能拓展线条的表现力，既追求“帖”的灵动，又追求“碑”的凝重，使线条多了一种肌理的感觉，因此艺术质量和内涵都比以前更为丰富，线条的艺术负荷也得以增强。

香格里拉　纸本设色　纵52厘米　横743厘米　2012年

1991年，西泠印社出版了《吴山明意笔线描人物画集》，集中展示了其宿墨变法“线描期”的作品。画集中还收录了他的《意笔线描人物画简论》（写于1988年10月），这是吴山明教育生涯中很重要的一篇学术论文。他提出了“意笔线描是意笔人物画的基础”这一新的艺术主张，修正了“工笔为意笔基础”的传统见解，对意笔中国画的教学具有改革性的意义。

1992年第9期、10期《美术》，连载了吴山明的《意笔线描人物画简论》。

循循善诱的引路人

吴山明教授过的学生，并不局限在中国美院的围墙内，他还有众多“围墙外”的学生。不管墙内墙外，他都一视同仁，倾囊相授。

最早教授“墙外学生”，还得追溯到1975年。那一年，受学校委托，吴山明和徐永祥等老师前往新疆

香格里拉（局部）2012年

快乐老汉　纸本水墨　纵33厘米　横33厘米　2010年

伊犁地区，为新疆美术创作骨干培训班授课。参加培训的40多人，挤在帐篷教室里，聆听着吴老师高水平的授课。物质条件虽然艰苦，然而他们心中的艺术种子，由于有了美院老师的浇灌，正茁壮地发芽，快速地成长。

只管耕耘、不问收获固然是一位老师的美德，然而种子永远会记着雨露的恩情。姚迪雄，如今已是一位云游世界各地的知名艺术家，一次他在杭州办展览，吴山明应邀前往，姚一见到吴，马上恭敬地迎上去，激动地说："吴老师，70年代您在新疆授课，我就是坐在最前面的那位最小的学生！"

最近的一批"墙外学生"，是通过"美术报名家工作室"招收的。

"美术报名家工作室"聘请有影响力的名家担纲，面向全国招纳有相当基础的美术类人才，以短期集训、贴身传授的师徒式学习方式为主，以传承中国艺术精神。

这些围墙内外的学生，还是吴山明"面授"的，他还有众多未曾谋面的"书授"学生，这得益于他笔耕不辍地出版的一系列美术技法书、画册。

70年代末及80年代初，应一些出版社的要求，吴山明先后出版了一些画册、速写技法、写生作品集等，这些书总结了他毕业以来参与人物画教学和创作的实践经验，一定程度上解决了当时绘画技法书缺乏甚至存在空白的问题。

后来，吴山明到中央美术学院、四川美术学院等全国知名的美术院校去讲学，总会碰到一些已是教

秋趣　纸本水墨　纵34厘米　横61厘米　2011年

授、副教授的“校外学生”，他们见到吴山明说得最多的一句话就是：“谢谢吴老师，当年我就是临了您的作品考上大学的。”

“重返单纯”北京展时，中国美协副主席、中国国家画院院长杨晓阳也说：“我们学画的过程中，可以说一直伴随着对吴老师的学习和逐渐的认识。我们学画的那个年代，他出过的教材对我们影响很大，我们都临摹过。”

吴山明最早编写教材，还得追溯到1972年。当年4月份，美院“新教材编写小组”的老师们编出了《连环画》（顾生岳执笔）、《素描》（马玉如、陈达青执笔）等5种基础课教材初稿，进入征求意见阶段。其中《速写》一书，即由吴山明、郑朝执笔。5年之后的1977年7月，此教材以《速写画法》为书名，由浙江人民出版社正式出版。

此后，“速写”技法书就成了吴山明系列著作的“主打产品”之一。仅天津人民美术出版社，就先后出版了《吴山明水墨人物速写》（1982年5月）、《毛笔速写与技法》（1989年4月）、《吴山明毛笔速写技法》（2008年）等。

同样是1977年，上海书画出版社出版了《中国画人物技法资料》（杨之光、李震坚、吴山明著）。

这本《中国画人物技法资料》，着重介绍人物头像的作画步骤和方法，每幅附有简要的文字解说。其中杨之光作《青年女工像》，李震坚作《青年渔民像》，吴山明作《老贫农像》。在学习资料匮乏的当年，这类技法书成了美术爱好者最好的精神食粮；而技法书的作者，则成了“文革”后很长一段时期全国广大美术学子的启蒙导师。

“导师”吴山明，其时年方36岁。和他一起被称为“导师”的，李震坚是他的大学老师；杨之光先生，年长吴山明十多岁，是广州美术界的前辈，当年在全国影响很大。

当了半个世纪的老师，吴山明尽到了一位优秀教育者的本分：鞠躬尽瘁、诲人不倦。他的教学方法，则可用因材施教、循循善诱来概括。

他的许多学生都深情地回忆起，正是吴老师的循循善诱，使自己在艺术道路上少走了很多弯路。

为让学生从传统中获得更多营养，吴山明跟学生说：

“中国美院国画系临摹的比重很大，目的是让大家能尽早尽快进入传统绘画的时空隧道之中，这种学习一旦入了门，就会感到其乐无穷，这种基础性的训练，其实是一种对中国文化的总体的熏陶。”

为让学生养成创作的好习惯，他跟学生说：

“对待习作也应有精品意识，特别是平时对待课堂中的每一张习作，不要任务式地去完成，应有追求完美的心意，这样不但可在思维上得以不断拓展，还会养成一种对艺术创作认真而严格的好习惯。”

为让学生多方面地吸取艺术营养，他跟学生说：

“以经典的书法与山水画为范本进行临写训练，是改造并提高一个中国人物画家用笔品位与用笔水平的最见效的方法之一。”

吴山明的付出也得到了肯定。早在1983年9月，他就被选为省“‘五讲四美’为人师表”优秀教师。吴山明这一生获得了无数荣誉，但这个“为人师表”奖，他却分外看重。因为他深爱着教学，深爱着学生，也深爱着美院。

他说：“我从1955年进美术学院附中后，就一直没离开过这所学校，在美院待了60多年。开始是老师教育我，后来是自己成为老师教育学生，美院的氛围特别适合培养艺术家。这里的老师教学严谨、责任感强，且没有门户之见，特别包容，会给学生最大的空间自由发展。”

吴山明还清晰地记得，自己读书时，有一次在课堂上公然学另外一位老师的画法，任课老师发现后，并没有生气，不仅夸奖画得不错，而且与他探讨那位老师的作品好在哪里，同时还为作品打了高分。

后来，吴山明自己当老师，也秉承了美院这种优秀的治学传统——包容与创新。平时他有一句口头禅：“不要学我的风格。”学生们有创新苗头时，他

《中国画人物技法资料》

《意笔人物基础技法》

《写意人物画技法》

总是大力鼓励："你可以研究老师，可以吸取老师的精神，但不要模仿老师。要学会自己去咀嚼东西，不要吃别人咀嚼过的东西，这样才可能成为一棵大树，否则只能永远被埋没在树荫底下。"

吴山明说，有的老师很喜欢学生学自己，觉得那样很成功。他却觉得，学生应该走自己的路，可以继承老师的某些特点，但一定不可太像，否则，终究只能是画匠。一个好的老师，应该根据学生的修养、性格，以及学生自身的追求、艺术亮点，对之进行帮助、引导，让学生自己拥有创新能力。

当老师的经历，事实上也大大推动和丰富着吴山明的艺术。他认为，首先自己要成为一个优秀的画家，这样才能够更好地去影响学生，你讲的话才会真正有分量。

吴山明说，在美院教书，其实心里一直有一定的压力。老师面对的是众多学生，每个学生身上都有闪光点，你也许看过不少的书，但他们加起来肯定会更多，学生突然提出来的一个问题，可能是你根本就没有看到过的书上面的。所以只有不断努力，才能成为一位可以服众的好老师。这种"争当一位好老师"的念头，几十年来，一直激励着吴山明不断地勇攀艺术高峰。

如今，浙江人物画坛的青年才俊，许多都是吴山明的学生乃至"入室弟子"，他们都是吴山明曾经教过或帮助过的，但现在他们大多有了自己的面貌，他们吸取了老师的创意精神、思维方式、艺术理念，大胆地开创出了或正在开创着属于自己的一片艺术天地。

绘画艺术海外传播者

随着改革开放形势的发展，国际交往日趋频繁，1980年起，美院中国画系开始招收海外进修生、培训生和留学生，吴山明积极地参与到教学当中。

同时，吴山明频繁地应邀赴海外出访讲学、举办展览、参观考察，在国际上不断传播中国书画的独特魅力，客观上又提升了美院中国画教学体系的国际影响力。几十年来，吴山明的作品曾赴日本、美国、加拿大、巴西、巴拿马、德国、泰国、新加坡、澳大利亚、印度等国家和我国港澳台地区展出，还在德国、新加坡和我国台湾与香港多次举办个人画展。

吴山明的作品首次在国外展览，得追溯到1980年。当年，他参与了由中国国际书店组织的赴日本、美国洛杉矶举办的画展，《西日本新闻报》作了专题介绍。

1984年4月6日至21日，吴山明与同事卢坤峰、姚耕云一起在新加坡举办了“浙江三杰”中国画展。1986年，吴山明亲赴新加坡，举办了作品欣赏展，为新加坡国际艺术博览会、教育部召集的新加坡美术教师们作画示范，在新加坡大学、南洋艺专讲学，并应新加坡政府邀请出席了国庆观礼。就是这次新加坡之行，还促成了首批新加坡艺术生留学浙江美院。

香港是吴山明常去的地方。1986年，吴山明首次赴港。这一年，他与前辈陆俨少、赵宗藻一起办展，

惠风和畅　纸本设色　纵34厘米　横34厘米　2010年

桑科小花　纸本水墨　纵68厘米　横138厘米　2013年

这也是浙江美术学院教师首次赴港展览。

这次活动中，著名爱国人士安子介（杰出的社会活动家、香港知名实业家，曾任全国政协副主席，2000年6月逝世）相中了吴山明的人物画，在画展上买了画，此后，两人还结下了长时间的深厚友谊。这次香港展还有个意外之喜，就是吴山明从此有了尽显艺术家风范的固定发型。高晔回忆，吴老师年轻时头发很短，土里土气的。1986年去香港那次，因诸事忙乱，第二天就要赴港，头发也没时间剪一下。胆大心细的高晔就自己动手，给先生剪发，并设计成了“披离飘逸”的样子。从那以后很多年，吴山明就没去过理发店，都由夫人亲自操刀，发型也变得有艺术味了。

1992年，吴山明在香港“一画廊”举办个人画展，期间还拜访了当代岭南画派大师赵少昂先生。

岭南画派指广东籍画家组成的流派。创始人高剑父、高奇峰、陈树人，人称“岭南三杰”。第二代的主要人物有赵少昂、黎雄才、关山月、杨善深等人，这四人被誉为“当代岭南画派四大画家”。

赵少昂与潘天寿同辈，当年已88岁高龄，一般很少会客。那天，吴山明比较顺利地见到了老人，就将新出版的画集送上，希望能得到指点。没想到，一翻开画册，老先生就来了兴致，对着旁边的一圈学生，非常认真地边欣赏边点评，一页页仔仔细细地看完了全部一百多幅作品。赵老先生还对吴山明说，潘天寿真是位大教育家，并为中国美院能培养出像吴山明这样有创造力的学生感到高兴。赵大师能够如此客观且高度评价浙派的作品，毫无门户之见，这种大师风范给吴山明留下了终生难忘的印象。

赵少昂一直很少让人为他画像，他的书房也只挂着徐悲鸿为他画的素描。但当学生建议吴山明为他画像以作纪念时，他很痛快地答应了，并约请吴山明第二天去。没料第二天上门时，却见老人已换去昨日“曲折随意”的中式衣服，换上了“挺拔平正”的西装，还刮了胡子剪了头发，少了些“国粹”，多了些“时尚”。吴山明说：“其实我还是喜欢他中式着装的样子，另外，穿西装对擅长画线条的我是一个大考验。”吴山明使出平生所学，画了幅水墨画像，据

历经三年创作的“中华史诗美术大展”巨幅作品《大泽聚义》，在中国国家博物馆展出后受到广泛好评

吴山明先生与学生董文运、李桐在工作室合作《大泽聚义》

说，此后该作曾与徐悲鸿作品一起，悬挂在他的书房里。

不日，吴山明又去拜访了“当代岭南画派四大画家”中的另一位画家——杨善深。事不过三，这次吴山明吸取了为井冈山老农以及赵少昂画像的经验教训，抓住杨大师长袍飘飘的神态，现场就为老人画了张肖像。杨善深也对吴山明高超的画技给予很高评价。

1988年、1990年，吴山明先生的作品两次在台湾展出，由于种种原因，他本人并没有去。直到1993年9月，他才有了首次宝岛之行。在台湾高雄、嘉义和台北美术馆举办个人画展并举行学术讲座，作品为台北美术馆收藏。中国美院的前身国立杭州艺术专科学校闻名遐迩，当时吴山明正担任美院国画系主任，因此台湾的主要媒体都对他的这次访台十分重视，全程参与报道，称赞这次活动规格高、水平高，意义深远，架起了两岸文化交流的一座桥梁。

2011年，由浙江省台办牵头，吴山明、尉晓榕、楼伯安赴台举办了三人展，并与台湾重要画家们作了学术交流，引起很大反响。

最近的一次台湾之行，则是“重返单纯”画展之后不久。2014年12月17日至27日，由中华文化发展促进会主办，黑龙江大学博物馆、中国美术学院等协办的“百年梦想　先生长歌——中国近现代文化学人图文展”，在台北邮政博物馆举行。活动除展出梁启超、胡适、严复、于右任、连横等文化学人的书札文史资料外，还展出了吴山明的系列民国人物画。台湾地区各界名流及台湾大学师生上百人参加活动，并召开了两岸文化界对百年文化学人的学术研究交流。台湾大家欧豪年、何怀硕与吴山明应邀参加活动，并在开幕式上讲话。同时，他与当地相熟及不相熟的朋友、同行进行了坦诚的艺术交流。吴山明还拜访了连战先生等政界元老，赠送了为其祖父连横所作的水墨肖像画。

1991年，吴山明应邀赴日本访问并举办画展；同年，赴德国汉堡美术学院讲学，并以宿墨法与积墨作品为主举办了个人画展，部分作品为学院与博格院长所收藏；1996年，应邀访问韩国，韩国亚洲美术馆

吴山明先生及博士董文运、李桐、陈艺、苏国强在《大泽聚义》作品前

大泽聚义　纸本水墨　纵493厘米　横658厘米　2016年　中国国家博物馆藏

大澤聚義
公元前二百零九年陳勝吳廣率衆

（筹）收藏了他近期创作的二十余件作品。

最近一次出访，是应中国驻悉尼总领事馆、悉尼大学、墨尔本大学之邀，2015年1月10日至19日出访澳大利亚。其间应邀参访澳大利亚国会大厦、中国驻悉尼总领事馆、新南威尔士州美术馆等，受到了澳大利亚文化艺术界官员与学者的热烈欢迎。同时，吴山明还在悉尼大学、墨尔本大学分别进行了“中国画的欣赏”的公开演讲。他向澳洲听众生动展示了中国绘画的无穷魅力，及其蕴含的和谐自然的深层哲理，现场来宾流露出的好奇而满足的眼神，又一次显示了中国绘画的独特魅力以及中西文化于心灵上的共通之处。

频繁地走出去，开阔了视野，对中西艺术的理解更深刻了，那么，西方文化给他留下了怎样的感受？

吴山明说，他是一个“很中国”的画家，走出去之后，更感觉到中国艺术的伟大。到其他国家去，了解他们的文化与艺术，对于一位艺术家来说十分重要，因为艺术在本质上是相通的。人类初始之时，艺术形式全世界都很像，现在看上去五彩缤纷，其实中西艺术大师追求的核心，在本质上仍是高度一致的。“西方大画家其实也是用最简练的技法去表现最丰富的内涵，他们的笔触都带着情感，就像我们的中国画一样，笔墨都包含情感。”

吴山明的体悟，从外国评论家的说法中也能得到印证。在“重返单纯”北京展学术研讨会上，一位来自美国杜兰大学的教授就说了这样一番话：

“我的感觉，这是当代中国画展中，可以看到画家面对历史和面对当下作出的一种非常独特的反应。

我看了画展之后，第一个想到的画家是马蒂斯（亨利·马蒂斯，法国著名画家，野兽派的创始人和主要代表人物），因为他也是用线表达他所看到的一切。吴山明先生的画感觉线是灵动的，引导你去看，看的过程当中，你也会感觉到在线条上体现出艺术家内心的东西，我看了画展非常激动，意识到了中国画用线、用墨体现出灵动的力量。”

“意识到了中国画用线、用墨体现出灵动的力量”，也许正是吴山明向海外朋友传播中国艺术的最大期盼。

第八章 触类旁通

中国绘画的一大特点，就是一通百通，一精百精。吴山明虽以人物成名，但以他在人物画上五六十年的艺术修为，以其实践中所形成的成熟而富有个性的审美眼光，偶为花鸟、山水、书法，也都达到了高境界。

进入21世纪，特别是2010年之后，吴山明的绘画艺术进入了姹紫嫣红全面开花的“盛放”阶段。显然，他已进入了一个能自由地全面展示自己才华与修养的时期了。

吴山明说，中国的绘画艺术有其特殊性，对其专业性需要极致深入钻研，而达到一种高度后，往往会进入触类旁通的状态。

素雅清新的花鸟画

吴山明的花鸟画真正进入人们的视野，还得从2010年的一次展览说起。那一年，西子湖畔一家知名画廊推出了一场吴山明花鸟作品展，结果众人追捧，不少吴山明的忠实粉丝，甚至从外省纷纷赶来，欣喜异常。这次展览推出的《吴山明中国画写意花鸟集》，也成了他开始花鸟画创作的一份记录。

在吴山明的笔下，游鱼逍遥自得，鹿儿欢快机警，鸳鸯恬美和谐，鸽子振翅高翔，每一幅作品落笔都恰到好处，笔意纵横奔放，潇洒自然，造型简洁逼真，气韵生

西湖六月 纸本设色 纵34厘米 横68厘米 2014年

动，设色清新淡雅，恬美怡然。

笔者收藏有两幅吴山明花鸟画，百看不厌。《和谐天籁》，画着五只天鹅，两大三小，显然，这是一家子了。两只天鹅一黑一白，三只小鹅黄毛红吻，天鹅们妩媚悠闲，画面气韵生动，很容易让人联想到风情万种的西湖对于吴山明的熏陶与恩赐，也让人遥想起几十年前乡村处处可见的河湖之趣。《西湖六月》，则直接点明其创作灵感来源于中国美院之畔的西湖了，画上两只戏水鸳鸯，其旁鲜花盛开，用色大胆明艳，这在吴山明的作品中并不常见。细一琢磨亦恍然：明艳热烈，不正是六月之本色吗？同时，明艳热烈也是大自然中所有情爱的共性吧！

关于花鸟画，吴山明深情地回忆：

20世纪60年代在美院读书时，凡人物画班的学生，毕业之时还必须完成一张山水或花鸟画，作为副课的毕业创作。为此，吴山明他们还下乡去写生。当年农村正大力推进机械化，抽水机已成了农田灌溉的

“主力”，而传统所用的人力水车的水槽，被当作用以跨沟连接的“渠道”。吴山明觉得这种田野里常见的场景，恰可以以小见大地反映农村新气象，于是就创作了作品《来了抽水机，水车当渠道》，此作以盛开的油菜花作为近景，以水车之槽作为画面主体。当年，评卷的花鸟画大师陆抑非教授，难得地打出了“5分”的最高分。

吴山明想不到的是，几十年后一次见到陆抑非，陆老居然还清晰地记得吴山明当年的毕业作，并说这张作品非常好。听到老师这样的赞许，“比当年得高分还高兴”。也许就是陆老这似乎不经意间的一句话，让吴山明一直深埋于心底的对于花鸟画的情愫又彻底活跃了起来。

于是若干年后，吴山明就利用经过艰苦探索形成

和谐天籁　纸本设色　纵34厘米　横68厘米　2014年

的宿墨法，尝试花鸟画创作。这之后，凡是他的作品展，他都会特意放入一些花鸟作品。后来，吴山明发现以他今天的审美方式与笔墨语言，“似乎也是另一种画花鸟画的办法，有时甚至还感到用笔用墨上比作人物画时更为自由一些”。这种自由，带来的是画面语言的轻逸与空灵；这种自由，带给观者的是画面的清新与愉悦。

著名美术评论家陈传席曾在其代表作《画坛点将录》中比较“京派”与“浙派”在人物画创作时的区别。他这样写：“京派”以徐悲鸿的艺术思想为理论基础，他们的人物画都是以素描为基础的，可简称“素描式”；“浙派”强调传统笔墨，强调“写”，人物的衣服等常以大写意花鸟画的画法来处理，可简称“花鸟式”。同时，陈传席在论及吴山明的创作时，又着重指出，吴山明的画中流露出“浙派”前辈画家中写意花鸟的成分较多，素描表现式一直比较淡化。

而吴山明在回忆现代浙派的先行者时，曾这样说：当时，李震坚、周昌谷、方增先等一批有西画基础的青年教师，在花鸟画大家潘天寿与诸多国画前辈的引领下，走上了新浙派人物画的初创之路，他们学习传统人物画，强调对文人画优秀精髓的研究和吸取，尤其对传统花鸟画笔墨语言的直接学习，重视书法入画。

“重返单纯”北京展时，吴山明特意展示了自己的花鸟画，说明了他对宿墨花鸟画创作的自信与重视。

灵动秀雅的山水

山水对于人物画家的重要借鉴意义，以吴山明自己的话来说最有说服力。

他说："以经典的书法与山水画为范本进行临写训练，是改造并提高一个中国人物画家用笔品位与用笔水平的最见效的方法之一。书法中所呈现出的笔性与笔法是最明确与直观的，它会使初学者受到较为严格的训练。而在中国绘画中最具表现力，最丰富的传统笔墨技法与审美感觉，大多包含于山水画之中，严格的临写有利于纠正或改造平时已形成的不好的用笔习惯，促使正确与有品位的运笔方式的形成，同时也会提升对传统中国画的艺术特性的认识，提高驾驭之能力，并把握好艺术之方向。"

潘天寿当年在提出国画分科教学时，也指出，人物画的背景常是山水，所以要适当地学山水；有时也以花鸟为穿插，所以也要适当地学花鸟。

吴山明不仅自己从山水中汲取到了不尽的艺术灵感，也引导学生们从山水画丰富的遗存中获得营养。

有一年，他带的一个研究生班，还特地请童中焘先生开讲山水课。吴山明说，历代人物画的好范本不多，而历代山水画大家的作品留存很丰富，用笔都很讲究，可供细细学习。山水是一笔笔勾皴，累积成山石、树林，用笔要融进树石、意境中去，有败笔很容易显露出来。

薛永年曾经这样评说山水对于吴山明艺术的滋养："吴山明作为新浙派第二代，特别重视深入前辈

素妆　纸本设色　纵33厘米　横33厘米　2011年

鱼　纸本水墨　纵44厘米　横44厘米　1991年

浙派人物画家尚未深入的山水画传统，开发其可持续发展，并引入意笔人物画的深藏潜力。为此纯化了写实造型，把山水画的宿墨引入人物画，突出了意笔表现，发挥了宿墨的特殊功能与独特美感，实际是纯化了笔墨语言，从而扩大了意笔写实的表现力。这在当代人物画发展中非常有意义。”

吴山明近些年出版的画册中，山水作品也偶有所见。比如2011年江西美术出版社出版的《当代画史·经典作品范本·吴山明卷》中，就收录了两张山水作品。2012年中国美术学院出版社出版的《水墨散文·吴山明采风作品集二》，也有山水两张。

山水作品首次较正式地与大家见面，还应是2014年在山明美术院举行的“重返单纯”画展。

这次展分为三个展厅，一号、二号、三号厅分别展出人物、山水、花鸟作品。二号的山水展厅，带给熟悉吴山明作品的评论家、收藏家几多新奇感。这些作品多是一两平尺的“小作”，内容多为西湖景致，以淡宿墨绘就，空灵迷蒙，灵动秀雅，别有一番意味。

吴山明说，这些表现西湖景致的山水画，他从2013年开始画。自己从小在西湖边长大，对她感情很深。开始时只画西湖，后来慢慢扩展到大杭州概念，笔下出现的不仅有钱塘江、西溪，还有富春江等。他还打算，等作品足够多时，可以出一本山水画册。

意趣天成的书法

中国画是线的艺术，但凡一个艺术上取得大成就

有朋自远方来，不亦乐乎　纸本水墨　纵100厘米　横240厘米　2015年

的画家，同时必然能在书法上形成自己的书风。画家书法，由此也成了中国艺坛一道独特的风景线。

吴山明书法的艺术特点，就是线条灵动而多变，视觉造型极富情趣。无须看署名，就能知道这是谁的手笔。多少书法家追求了一辈子，却无法形成自己的个人风貌；吴山明在绘画中将线条摆弄得出神入化后，形之于书，即成吴家“书风”。

我们知道，国画与书法的用笔技艺颇为相似，不论是人物还是山水，都以线条为主要表现形式。而一位画家对于水分、墨色、线条、布白的修为与领悟，正可与书法创作互为借鉴。吴山明的书法未必像书法家那样严格遵守传统书法的规矩，但他凭着几十年的艺术慧心，自然地把绘画带入了书法，也把书法融入了绘画。他的书法，由于大胆地融入了许多绘画的视觉元素，颇有舒张自如、体谨形美之感。

吴山明回忆他在读大学时，潘天寿院长很重视书法学习，强调画家要“三分读书，三分写字，三分画画，一分其他”，要求国画系学生每天至少练字一小时。吴山明他们当然遵命练字。但让他真正下决心苦练书法的，还得从一次挨批说起。

一次，“茀之哥”见到吴山明的一幅画，认为画得很好，主动为之题了字，吴山明欣喜万分。待到“学期展览”时，吴山明就送了此画展出。没料一向喜爱他的系领导刘苇教授看到这画，却把吴山明训了一顿，强调以后不能让老先生题字，“自己的书法要配得上自己的画”。这句话，吴山明牢记了一辈子，也践行了一辈子。

古人认为书画同源，强调书法是中国画重要的构成因素，中国历史上的大画家，无不把书法的研习放在极其重要的位置。苏东坡、赵佶、米芾、文徵明、董其昌、朱耷、徐渭、吴昌硕、黄宾虹等等，无不书画俱佳。

2013年初春，吴山明还与另四位浙派画坛大家曾宓、孔仲起、卢坤峰、姜宝林一起，在西湖之畔举办了“斯文在兹”书法联展，成了杭城当年的一大文化盛事。也让“画家书法”的文化传奇，增添了华丽的一笔。

2015年11月6日至9日，在第十八届西湖艺术博览会上，举行“静水流深——吴山明、高晔中国画展”。除展出了吴山明的部分人物画代表作外，山水与书法作品都辟有专区，以相对独立的方式进行展示。其中书法专区的8幅作品，虽只是两平方尺的“小作”，却引起了广泛关注，因为不少观众还是第一次比较集中地欣赏到吴山明的书法之美。

吴山明的宿墨探索之路一直在继续，近些年，他还在尝试以淡宿墨写书法。“浓得有精神，淡得有味道”，就是他的书法追求目标。

画外求画

功夫在诗外，技多不压身。

吴山明不仅在绘画上已达到“从心所欲，不逾矩”的境界，而且他还特能“玩”。玩动画、玩青瓷、玩收藏，玩得不亦乐乎。只是他的玩，或者出之于绘画，或者归之于绘画，万变不离其画。画外的求索与钻研，滋养了他的绘画，丰富了他的修为，锤炼了他的艺心。

吴山明有过一次“触电”经历，由他与同事卓鹤君担任“人物山水设计”的水墨动画《山水情》（吴山明负责人物设计，卓鹤君负责山水背景），至今仍被公认为水墨动画片无人超越的典范，其诗一样的气质、幽远清淡的画面达到了天人合一的境界。

《山水情》1988年由上海美术电影制片厂发行。导演团队、编剧、人物设计、作曲、古琴独奏等都是一时之选。

总导演特伟，是著名美术片导演、漫画家。他执导了世界上第一部水墨动画片《小蝌蚪找妈妈》，震惊国际动画界。作为上海美术电影制片厂首任厂长，特伟为中国动画片贡献了《大闹天宫》《哪吒闹海》

等一系列经典作品。吴山明美院附中的同班同学马克宣，也是导演组“三驾马车”之一。

剧情较简单，一位老琴师病倒在荒村野渡口，渔家少女救助了他。老人病愈后，就教她学琴。临别时，老琴师将心爱的古琴赠送给爱徒……

这部动画片可谓中国水墨动画片的巅峰之作，其精美的画面与深刻的故事内涵相得益彰，让中国绘画的水墨技巧、艺术哲学思想呈现得淋漓尽致。当年，此片就荣获中国第一届上海国际动画电影节大奖，之后几年，还分别在苏联、加拿大等国举办的国际电影节中斩获大奖。

特别是1990年，《山水情》还获得了加拿大第十四届蒙特利尔国际电影节最佳短片奖。当时，这个国际电影节的奖项，分量堪比“奥斯卡”。2006年，安纳西国际动画电影节上评选出的“世纪动画·100部佳作”中，《山水情》是唯一一部入选的中国作品。近三十年过去了，日本艺术家尚在赞叹中国水墨片《山水情》对中国电影发展的巨大意义。

2013年，在第九届中国国际动漫节上，《山水情》20余张单图的设计稿，还拍出了50万元的高价。

如今，在电脑上轻轻一点，我们很容易就能欣赏到尽善尽美的《山水情》。观看了这个短片后，你会发现近些年万口交赞的《功夫熊猫》，很可能也从此片中“获”得了艺术灵感。

龙泉青瓷是我国的一种瓷器，向以瓷质细腻、线条明快、造型端庄、色泽纯洁而著称于世。由于青瓷本质就很美，所以，历史上很少有人在青瓷上作画。

吴山明画龙泉窑瓷器

吴山明却偏偏以青瓷作为绘画探索载体，和夫人高晔、长子吴扬一起，一不留神就成了在青瓷上绘画的成功的先行者。

吴山明一直比较关注在瓷器上作画，因为他特别喜欢青花瓷。在国外作交流时，他看到博物馆中那些中国的外销青花瓷，图案美丽、寓意美好，很多都是从中国画笔法中拓展出去的，一笔下去见浓淡，白色和青花对比产生了特殊亮色，艺术意味十分浓郁。因此，他一直就想在瓷器上做文章。

2008年，吴山明将目光锁定在龙泉青瓷上。当年画了近百件，但成功的只有几件，因为龙泉的专家们都缺乏这方面的实践经验。通过一段时间的摸索，至2012年，吴山明与妻子终于找到了一条自己的道路。一个习惯于在宣纸上挥洒笔墨的人，将青瓷作载体，完成了中国画在不同材质上的又一次精彩“重生”，实现了工艺美与绘画美的完美融合。

吴山明说，如果白瓷是“美丽姑娘”，龙泉青瓷就像“大家闺秀”，有着更深的文化底蕴。在白瓷上绘画，困难相对少一些。无论是釉下彩还是釉上彩，基本比较稳定。青瓷历史上是不画画的，他觉得这中间必定有可发掘与拓宽的潜质存在。如果当代绘画和青瓷融合得好，它一定会焕发新的生机。绘画青瓷应是一片尚未很好开拓的处女地，但在青瓷上作画，不能“画蛇添足”，而要“锦上添花”：既要保持它原质的美，又要增添一种别样的美，以及色彩的釉变形成的美。

吴山明画龙泉窑瓷器

在青瓷上作画，也是吴山明家的一次“家庭艺术秀”。

2013年11月，青瓷故乡龙泉博物馆举办了吴山明全家青瓷展，中国美术学院出版社出版了作品集。

2014年1月1日至7日，上海“朵云轩”举办“赤橙黄绿青蓝紫”吴山明全家作品展。除展出吴山明、高晔、吴扬、吴高岚的最新国画作品外，也有他们玩得不亦乐乎的青瓷绘画，当年上海的这场元旦“艺术首秀”，为观众送上了意外的惊喜。

吴山明对夫人与儿子的作品评价很高：“他们的‘包袱’比我少，我总想把画画得好一些，而他们没有这种包袱，因此反而画得更自由，也画出了很多好作品，对我启发很大。吴扬画了一些多彩的、很有创意的作品，符合年轻时尚的审美，色彩对比很有意境，与刻花相结合更是一种创新。高晔画了一些竹子和山水，她画釉彩的量很大，她的竹与兰挥洒自如，观者乃至她自己都经常为出现意想不到的好效果而兴奋。”

当然，吴山明的“玩青瓷”，其实还牵连着一个艺术大课题。

2007年，他和杭州师范大学的胡俊博士一起申请到一个国家重点课题——中国画写意传统中的世界性研究。中国美院许江院长高兴地说：这是中国美院国家重点课题历史上“零”的突破。

之前，学术界多是研究西方绘画对中国绘画的影响，吴山明他们的这个课题却进行了“逆转”，关注中国画的意象表现的特色对世界绘画的影响。

画瓷作品　2012年

该课题研究表明，中国画的写意传统是中国美术“民族性”的核心，但其形成、传播均具有“世界性”。这个“民族性”，由中国、西方民族所共享，如今已成为亚欧大陆美术文化交流的结晶。吴山明他们进一步指出，中国画的写意传统，并不局限于文人写意画，其影响也不囿于绘画，比如出口瓷绘，就是推动“写意”发展的重要因素。而中国画的意象表现传统，曾经通过“中国风”的形式，对欧洲美术文化产生持久深刻的影响，并融会到现代主义美术的进程之中。因此，中国画写意的传统本身不仅具有“民族性”，还有“世界性”。

吴山明的几次瓷画创作实践，可看作对上述课题的一种实践“论证”。

认识吴山明的人都知道他喜欢收藏，喜欢古玩。

他的收藏，多是随性而为，并不像收藏家一样过分追求“高精尖”。相对而言，他的砚台收藏较成系统。吴山明收藏有几百块砚台，于砚台颇有会心。吴山明最钟爱的，是“精神导师”黄宾虹用过的一块砚，后面有黄的篆书铭文，是一位学生特地从金华带给他的。他还藏有一些宋代的硕大“抄手砚”，造型都古朴大方，这是他在绍兴、杭州的收藏市场淘到的。有一阵子，他常会与友人吴彰垒、杜文和、田宇原去收藏市场，感受一番淘宝之乐。他也知道，这类市场假货太多，真货难觅，但对于砚台，吴山明颇有自信。

其实，吴山明的收藏门类很广。玉石、化石、古墨、古琴，有感觉的，他都会收入囊中。每每收到一样好东西，吴山明还常常会琢磨：这件东西有一千多年或两千多年的历史了，居然到了自己手中，真是缘分哟，它们在艺术上达到这样的高水平，当时的人是怎么弄出来的呀？

吴山明的印章，也让人眼馋。钱君匋、饶宗颐、刘江等大家，都曾为他治印。朋友王冬龄，晚辈陈大中、鲁大东、蒋曼萝等，也有佳制相赠。

有朋友知道吴山明的雅好，常会觅些“宝贝”给他。吴山明有看中的，总会以画相报。由此也引出了朋友间的诸多趣事。

千万不要以为吴山明搞收藏只是个爱好，他还有着更高的追求。

吴山明说，绘画不仅要研究中西艺术，还要跨界深入融会贯通，博采众长。比如人物画家，研究山水、花鸟、书法固然必要，也要研究更广义的美术，比如陶瓷、青铜、玉器、石器、木器等等。只有对这些艺术都有所涉猎，才能更加深刻地理解中国的画学、美学与哲学，才能让自己的绘画之路越走越宽阔。

全国美展图　纸本设色　纵98厘米　横196厘米　2014年

初阳　纸本设色　纵104厘米　横95厘米　2001年

林风眠先生　纸本水墨　纵125厘米　横125厘米　2014年

據東京夢華錄、歲時雜記、諸書記載，女兒節有三：五月初五、七月初七、九月初九。重陽為歸已嫁之女，七夕為未嫁女，端午已嫁與未嫁女兼之。人心浪漫情景喜悅。此外尚有三月初三為女兒節者，尤以苗寨為盛，風情迷人。

壬辰年初秋山㟁記

惠风和畅　纸本设色　纵43.5厘米　横700厘米　2012年

九九归一
终成正果

恬静之心境
才会盛开智慧的莲花
山明录之

论道　纸本设色　纵125厘米　横500厘米　2014年

问道　纸本设色　纵125厘米　横500厘米　2014年

二十一世纪国画大家——**吴山明**

艺术年表

一九四一年

出生于浙江省浦江县前吴村。

一九五五年

考入中央美术学院华东分院（现中国美术学院）附中学习。

一九五七年

某画报发表连环画《两个公差》(合作)。

一九五九年

考入浙江美术学院（现中国美术学院）中国画系。

一九六四年

浙江美术学院中国画系毕业并留校任教；

《美术》第3期发表国画《飞雪迎春》(1963年作)；

《美术》第6期发表毕业创作连环画《茶农苦难史》选页（合作），并在“全国高等美术院校1964年毕业生创作展览会”展出。

一九六五年

“援越抗美美术作品展览会”展出《阮文追》《烽火姐妹》等大型中国画。

一九六六年

《茶农苦难史》选页（合作）入选人民美术出版社出版的《工农兵人物画资料》。

一九六七年

参与筹办、编辑《工农兵画报》。

一九七七年

上海书画出版社出版李震坚、杨之光、吴山明合著《中国意笔人物画技法》;

国画《星星之火——毛泽东赴古田行军途中》(合作)入选“全国建军50周年美展”。

一九七九年

晋升讲师职称,任中国画系人物画教研组组长;撰写《中国画系教学大纲》之《意笔人物画大纲》。

开始在中国画系七七级学生的中国意笔人物课程中与周沧米一起进行“意笔线描”课教学长单元式探索。

一九八○年

由中国国际书店组织赴日本、美国洛杉矶举办画展,《西日本新闻报》作专题介绍;

水墨连环画《秋瑾》(与刘国辉合作)由人民美术出版社出版,并在次年获“全国第二届(1981年)连环画创作评奖”二等奖,2005年列入人民美术出版社《连环画精品鉴赏》系列重新出版。

一九八一年

国画《延安五老》入选建党60周年全国美展。

一九八二年

《吴山明水墨速写集》由天津人民美术出版社出版。

一九八三年

任中国画系副主任；

当选为浙江省政协第五届委员会委员；

被选为浙江省"'五讲四美'为人师表"优秀教师；

《吴山明国画人物选》(明信片)由山东人民出版社出版，沙孟海在封面题字。

一九八四年

晋升副教授职称；

上海人民美术出版社出版《吴山明画选》；

参与新加坡举办的"浙江三杰"中国画展；

国画《生机》《孺子牛》入选第六届全国美展，其中《孺子牛》被选入该美展精品展。

一九八五年

参与筹备在浙江美术学院召开的"全国中国画教学座谈会"，主持教研活动。中国画系正式将"意笔线描"列入教学大纲，与教师们共同进行这方面课程的实践，吴山明并执笔为该课撰写教学大纲。

一九八六年

与陆俨少、赵宗藻赴香港出席"首次浙江美术学院教师赴港中国画展"；

新加坡举办吴山明作品欣赏展，为新加坡国际艺术博览会、教育部召集的新加坡美术教师们作画示范，在新加坡大学、南洋艺专讲学，并应新加坡政府邀请出席国庆观礼；

山东美术出版社出版《写意人物画技法》，此书多次再版，影响广泛；
浙江美术学院出版社出版《意笔人物基础技法》教材；
与李震坚一起，担任美院中国画首批外国硕士研究生导师。

一九八七年
连任中国画系副主任，继续分管教学；
在中央电视台举行“意笔人物画”电视讲座；
进行宿墨法探索并陆续创作了一批意笔线描人物画。

一九八八年
在台湾举办“吴山明国画人物展”，并出版画册；
完成水墨动画片《山水情》造型设计，获“1988年国际动画节（上海）”大奖；
被推选为浙江省政协常委。

一九八九年
晋升教授职称；
浙江电视台拍摄《画人物画的人——吴山明》专题片，浙江电视台、中央电视台分别播出；
浙江美术学院拍摄《吴山明水墨人物画教学》电视专题片；
《毛笔速写与技法》由天津人民美术出版社出版。

一九九〇年
动画片《山水情》获加拿大第十四届蒙特利尔国际电影节最佳短片奖；
《画人物画的人——吴山明》电视专题片由国家广播电影电视部选送赴日本交流，东京电视台播出；

当选杭州市美术家协会主席；

《人物画技法初步》（与李子侯合著）由上海人民美术出版社出版。

一九九一年

任中国画系主任，主持修订《中国画系教学大纲》；

西泠印社出版《吴山明意笔线描人物集》，书中收录了写于1988年10月的《意笔线描人物画简论》；

动画片《山水情》获广播电影电视部大奖“国家金鸡奖”；

浙江美术学院出版社与香港南阜艺术出版社联合出版大型画册《吴山明》，宋忠元主编，陆俨少题“吴山明中国画集”；

《中国人物画技法》第二版发行，获华东地区优秀出版物二等奖；

名列英国剑桥与美国传记中心多种名人传记（1991—1995）；

应邀赴日本访问并举办画展；

赴德国汉堡美术学院讲学，并以宿墨法与积墨作品为主举办了个人画展，部分作品为学院与博格院长所收藏；

当选中国民主促进会中央委员、民进浙江省委副主任委员。

一九九二年

当选第八届全国人大代表；

香港“一画廊”举办个人画展，出版画册《晶莹水墨——吴山明》；

《意笔线描人物画简论》发表于《美术》1992年第9、10期；

创作完成水墨大写意人物画《高原之韵》系列作品。

一九九三年

《人民日报》发表专题介绍并发表作品；

1993 年第 2 期《美术》发表《回到单纯——吴山明近作艺术风格谈》（冯远撰稿）；

《浙江美术学院中国画六十五年》（续编）由浙江美术学院出版社出版，收录《意笔线描人物画简论》；

在台湾高雄、嘉义和台北美术馆举办个人画展并举行学术讲座，作品为台北美术馆收藏。

一九九四年

《人民日报》（海外版）发表专题介绍文章及作品；

赴香港中文大学讲学，作品为该大学收藏。

一九九五年

浦江县经文化部批准举办“1995 年中国书画节”，由浦江县人民政府投资建造的“山明美术院”在浦江落成，展出并捐赠中国画精品 108 幅；

上海少年儿童出版社出版《人物画技法与欣赏》；

《中国人物画技法》第三版发行，获国家优秀出版物二等奖；

连任杭州市美术家协会主席。

一九九六年

担任中国美院造型艺术学部主任；

应邀访问韩国，韩国亚洲美术馆（等）收藏近期代表作品 20 余件；中央电视台拍摄播放电视专题片《吴山明和他的意笔人物画》。

一九九七年

中国美术学院、中国美术家协会在中国美术馆联合举办“吴山明意笔人物画展”，并举行“吴山明作品学术研讨会”，《造化为师》（黄宾虹像）、《一览众山小》（潘天寿像）等5件作品被中国美术馆收藏，其中《造化为师》（黄宾虹像）入选中国美术馆收藏百年精品展，《美术》《人民日报》刊登吴山明画展介绍；

中央电视台《东方之子》拍摄并播出吴山明专题；

《吴山明水墨人物画》由浙江人民美术出版社出版；

当选第九届浙江省人民代表大会代表、常务委员会委员，担任浙江省中国人物画研究会会长、西泠画院院长。

一九九八年

金华市人民政府举办“吴山明、高晔作品展”；

担任国家邮电部邮票总局邮票评审委员。

一九九九年

应外交部、文化部之约，为朱镕基总理访美画国礼《戈尔副总统偕夫人在中国》（肖像画）；

山东美术出版社出版《吴山明画集》，并获十省市美术出版物“金牛奖”；

《人物画》（吴山明编绘）由上海书画出版社出版；

陕西人民美术出版社出版《中国名家作品精选·吴山明作品》；

担任文化部文化艺术品鉴定委员会委员。

二〇〇〇年

《人物百家》（与董文运合作）由黑龙江美术出版社出版；

担任中国美术学院首届美术学博士生导师；

连任杭州市美术家协会主席，被选为浙江省美术家协会副主席。

二〇〇一年

为中南海布置工程作画；

《跨世纪杰出中国画家作品集——吴山明画集》由天津人民美术出版社出版；

《中国人物技法与创作——吴山明》名家、名教授经典教学光碟由中央美术学院制作完成；

《吴山明水墨速写》由山东美术出版社出版。

二〇〇二年

作品参加全国政协系列“全国中国画优秀作品展首展之浙江省十人展”；

入选中国美术百年回顾展；

入编中国美术学院出版社出版的《浙江当代中国画名家精品集》；

为中央军委办公大厅布置工程作画。

二〇〇三年

参加“世纪风骨——中国当代艺术50家展”、“开放世纪——中国美术馆建馆40周年中国当代美术展”、北京国际艺术双年展；

黑龙江美术出版社出版《水墨人物肖像画技法与赏析》；

《西泠名家系列·人物画家吴山明》由浙江文艺音像出版社出版；

《吴山明人物画技法》由山西音像出版社出版；

连任浙江省第十届人民代表大会代表、常委会委员；
连任文化部文化艺术品鉴定委员会委员。

二〇〇四年

人民美术出版社出版《中国近现代中国画名家系列——吴山明》大型精品画集（大红袍）；
吴山明绘《荣宝斋画谱》与《写意画范·人物》由荣宝斋出版社出版；
《当代中国画名家技法——吴山明人物画法》由山东美术出版社出版；
《大器丛书——吴山明》由河北教育出版社出版；
《笔墨春秋——吴山明和当代意笔人物画》（陈军、越风著）由中国美术出版社出版；
担任第十届全国美展中国画展评委。

二〇〇五年

人民日报出版社出版《中国大画家——吴山明作品集》；
《水墨人物写生——吴山明、吴宪生、袁武、王赞、任惠中》由山东美术出版社出版；
《走近画家——吴山明》由天津人民美术出版社出版；
《当代中国画家研究丛书·吴山明》由中国工人出版社出版；
《名家精品·吴山明》由河南美术出版社出版。

二〇〇六年

全国政协办公厅主管、人民政协报社主办的国家级艺术类期刊《画界》，推出《当代中国书画名家作品选——吴山明》专辑（全国“两会”赠阅）；

《翰墨名家——吴山明写意人物》由中国工人出版社出版；
《名家水墨人物写生——吴山明》由山东美术出版社出版；
《画库——中国画名家吴山明》由四川美术出版社出版。

二〇〇七年

主创作品《孙中山海宁观潮》列入浙江省美术重点历史画项目；
主创作品《遵义之春》、“中国画写意传统中的世界性研究”（与胡俊博士合作）分别列入国家历史画重点项目、国家级重点课题项目；
《中国画报》出版人民艺术家系列——《吴山明专集》；
获中国民主促进会全国社会服务先进个人称号，受到民进中央表彰；
《当代经典画史·吴山明》由中国书画艺术出版社出版；
《西泠书画院画师作品集——吴山明》由中国美术出版社出版。

二〇〇八年

《水墨散文·吴山明采风作品集》由中国美术学院出版社出版；
天津人民美术出版社出版速写《吴山明毛笔速写技法》；
香港《美术交流》杂志出版吴山明专集。

二〇〇九年至二〇一一年

获浙江省优秀教师称号；

出版个人画集多种；
连任浙江省人民政府参事；
任任伯年艺术研究院院长；
任中国国家画院院委、国画院副院长、研究员；
被评为中国美术学院国家二级教授。

二〇一二年

《水墨散文·吴山明采风作品集二》由中国美术学院出版社出版；
入编江西美术出版社出版《南北对话——当代著名画家·人物卷》；
参与杭州恒庐画廊举办“斯文在兹”书法联展。

二〇一三年

《美术》2013年第2期发表吴山明作品及著名艺术评论家范景中《吴山明人物画的新境界》一文；
《当代中国画文脉研究·吴山明卷》由江西美术出版社出版；
《墨彩瓷青——吴山明、吴扬、高晔青瓷绘画作品集》由中国美术学院出版社出版，并在青瓷故乡龙泉博物馆举办吴山明全家青瓷展；
入选首届“杭州市十大文化人物”；
主持的《大泽聚义》，入选由中国文联、财政部、文化部主办，中国美协承办的“中华文明历史题材美术创作工程”。

二〇一四年

上海“朵云轩”举办“赤橙黄绿青蓝紫”吴山明全家作品展；

《香格里拉》等 3 件作品参加杭州中国画双年展；
中国国家画院国际展览中心建立吴山明展览工作室；
《大家经典——吴山明、吴扬作品集》由天津人民美术出版社出版；
《吴山明中国画艺术研究》(包括《山明笔谈》《山明答客问》《论山明集》) 由中国美术学院出版社出版；
《重返单纯——吴山明中国画艺术研究》由人民美术出版社出版；
由中国文联、中国美术家协会、中国美术学院、中国美术馆联合主办，分别于北京中国美术馆（5 月 31 日— 6 月 9 日）、浙江美术馆（6 月 19 日— 6 月 29 日）、浦江县山明美术馆（11 月 28 日开始）举办“重返单纯——吴山明执教五十年从艺六十年中国画艺术大展”。

二〇一五年

应中国驻悉尼总领事馆、悉尼大学、墨尔本大学之邀请，吴山明出访澳大利亚，并在悉尼大学、墨尔本大学举办题为“中国画的欣赏”的讲座；
“中国画写意传统中的世界性研究”结题，标志着中国美术学院首个“国家级重点课题项目”取得实际成果；
由省文化厅、省文联、金华市政府等主办的“重返单纯——吴山明、高晔书画作品展”，在金华书画院展出；
吴山明名家工作室师生 30 余人，赴太行山采风写生；
在第十八届西湖艺术博览会上，举行“静水流深——吴山明、高晔中国画展”；

二〇一六年

吴山明荣获法国“鲁拉德骑士”勋章，以表彰其在艺术创作和国际文化交流中的杰出贡献；
“吾道至简——吴山明、高晔画展”在杭州浣花斋美术馆展出；
国家主席习近平夫人彭丽媛邀请G20杭州峰会外方代表团元首夫人参观中国美术学院。彭丽媛和吴山明、王冬龄、卓鹤君、闵学林等教授一起，指导元首夫人们一同书写“和”字；
浦江第九届中国书画节期间，山明美术院举办了“建院20周年暨吴山明师生作品展”；
国家重大历史题材创作《大泽聚义》（与董文运、李桐合作），参加在中国国家博物馆举行的“中华文明历史题材美术创作工程”成果展即“中华史诗美术大展”；
“水秀山青——吴山明青瓷绘画艺术展”在中国美术学院象山校区举行，共展出吴山明80余件青瓷绘画作品。

二〇一七年

杭州市文联授予吴山明、王冬龄、麦家3位知名艺术家“杭州市文联文艺志愿服务特别功勋”奖；
浙江美术创作精品工程《星空璀璨——浙江近代文学大家》（与吴扬、李桐合作），参加“百年追梦创作结题展”；
应邀为人民大会堂大厅绘制巨幅山水作品《巍巍太行》，迎接全国两会的召开；
应印度外交部文化关系委员会和印度驻沪总领事馆之邀，吴山明率领艺术交流团6人，对印度进行了友好访问；
《二十一世纪国画大家·吴山明》由湖北美术出版社出版；
《吴山明论文选》由湖北美术出版社出版。

后记

一条流向春天的河

和吴山明老师相识，转眼间已有十多年。

写一本关于吴老师的书，早些年只能是一个梦想。2015年6月起，我突然得到了一个到浙江日报报业集团挂职的机会，遂有了相对空闲的半年时间，于是也就有这样一本或显稚嫩然而足够真诚的小书。

吴老师最让我感动的，就是他的谦和、善良、勤奋。他总是静静地听你述说，偶尔平和地插几句话，语调总是那么柔和亲切；有事求他，只要在他的能力范围之内，不论老友新交，他总是一口应允；每回见他，他总有忙不完的事，站在画桌前面，他仿佛一位手握雄兵的大将，指挥若定，激情昂扬。

吴老师在给他父亲的一本散文集写的序言中这样说："父亲写作落笔成章很少修改，文笔极流畅而犀利，像一条水源丰富的河，静静地然而稳稳地淌着，是那样充实和丰满。父亲耿正、心诚、重情、乐善，他对人对事富责任感，热忱坦荡，令我们晚辈自叹弗如。"

我觉得，吴老师也像一条河，一条"水源丰富，静静地然而稳稳地淌着"的河，一条春风骀荡静水流深的流向春天的河，让人如沐春风，如游画中。

感谢吴山明老师全家对本书的支持，特别是吴老师，亲自细阅文稿，给出了很多中肯的修改意见；感谢浙江日报报业集团、美术报的诸多师友，正是你们的帮助，才让我比较顺利地完成了作品；感谢湖北美术出版社的苏国强博士，正是您的认真与专业，才让本书能以这样俏丽佳好的形象示人；感谢中国美术学院王犁博士通读文稿，提供了诸多好建议；感谢宫南、迟月老师细校初稿，帮我改正了不少习惯性用语谬误；感谢家人的理解与宽容，让我在繁忙的工作之余，能做自己喜欢做的事。

傅根洪

2016年2月

策　　划：苏国强
责任编辑：苏国强
书籍设计：苏国强　马占伟
技术编辑：李国新

图书在版编目（CIP）数据

吴山明 / 傅根洪著. —— 武汉 ：湖北美术出版社，
2017.10
（二十一世纪国画大家）
ISBN 978-7-5394-8626-0

Ⅰ.①吴…　Ⅱ.①傅…　Ⅲ.①吴山明－生平事迹
Ⅳ.①K825.72

中国版本图书馆CIP数据核字（2016）第151583号

出版发行：长江出版传媒　湖北美术出版社
地　　址：武汉市洪山区雄楚大街268号湖北出版文化城B座
电　　话：（027）87679520 87679521 87679522
邮政编码：430070
印　　刷：联城印刷（北京）有限公司
开　　本：889mm×1194mm　1/32
印　　张：8.5
印　　数：1～3000册
版　　次：2017年10月第1版
印　　次：2017年10月第1次印刷
定　　价：68.00元